ロジック×感動で成功するWEBブランディング

井上雄一郎
INOUE YUICHIRO

幻冬舎MC

ロジック×感動で成功する WEBブランディング

はじめに

モノやサービスが飽和している現代において、企業とその商品が消費者に選ばれ続けるのは容易なことではありません。日々モノやサービスの品質が向上していく一方で、市場の競争は激化し、他社に差をつけられて事業撤退を余儀なくされるというケースも後を絶ちません。

この現状を踏まえて今後ますます重要になってくるのが、消費者に選ばれるためのイメージ戦略、すなわちブランディングです。ブランディングに成功すれば、企業が提供するモノやサービスの価値を消費者に広く正しく知ってもらうことができます。リピートしてくれる消費者が根強いファンとなって、ブランド力はさらに強くなるという好循環が生まれるのです。

そうしたブランディングを浸透させるメディアとしてテレビＣＭや新聞・雑誌の広告などさまざまな手法がありますが、そのなかでも最も重要なものが、事業規模に関係なく大きな資金を投じずとも着手できるＷｅｂブランディングです。何かを買うとき、どこかに行きたいとき、ほとんどの人がＷｅｂを使ってリサーチする時代です。Ｗｅｂが人間の暮らしに深く入り込んでいるからこそ、いつでも情報を発信でき、かつコンテンツを自由にデザインできるＷｅｂを用いれば、コストを抑えつつ多くの消費者に接触し、ブランドを広めることができる可能性が高いのです。

私は２００９年に企業の強靭なブランドづくりを支援する会社を立ち上げ、これまでＷｅｂを主戦場として、ブランディングに悩む多くの企業をサポートしてきました。昨今はＷｅｂを基軸としてブランディングを行う企業もかなり増えており、差別化が求められるなかで、私はＷｅｂクリエイティブの業界では対極に位置付けられている「ＵＩ（ロジック）」と「アートワーク（感動）」の要素を融合させた「ロジック×感動」のＷｅｂブランディングを掲げ、見た人に感動を与えるＷｅｂサイトづくりをコンセプトにして企画段階から納品まで総合的なプロデュースを手掛けています。

ＷｅｂサイトにおけるＵＩとは見やすさや使いやすさのデザインのことです。ＵＩに注力することで、見やすく使いやすいＷｅｂサイトが構築できるというのが基本的な考え方です。人が見やすいと感じるレイアウトや配置の工夫・構造などを蓄積されたナレッジによってレイアウトしていきます。

しかし、これは画一的なロジックに基づいているため「よくあるＷｅｂサイト」になりがちです。そのため見やすさだけでなく見た人の心を動かす「アートワーク（感動）」のデザインが有効なのです。

ブランディングのポイントは伝えたい相手に伝えたいメッセージをいかに正確に発信するかに尽きます。とはいえ、客観的に自社の魅力や強みに気づくことは容易ではなく、ブランディングのスタートからゴールまでを伴走してくれる頼もしいパートナーを見つけることも重要です。

本書ではブランディング手法のなかでもＷｅｂブランディングにフォーカスし、「ロジック×感動」の有効性やパートナー選びの重要性などについて事例も交えながら解説します。ブランディングに悩んでいる中小企業経営者や大手のマネジメント層にとって、本書がこれからの道標となればこれ以上の幸せはありません。

目次

第4章 ブランドビジョンを発注・制作サイドで共有する

その企業にしかない〝感動〟を見つける「魂のコミュニケーション」とは

第5章 国内の成功事例で見る

「ロジック×感動」のベストプラクティス

第1章

モノ・サービスが
飽和している時代

企業がブランディングで
差別化を図るのは最重要課題

一瞬で消費されるモノ・サービス飽和時代で起きている自然淘汰

ブランドやブランディングとは何か――。このテーマについて考えるうえで、まず時代の変遷をおさえていくことは必須です。インターネットが登場する前の時代は、世の中に出回ることのできる広告の量自体が今よりも少なく、広告を発信し消費者の目を向けさせる権利を得ているのは、ほとんど大企業だけといっていい状況でした。テレビ、雑誌、新聞、これらマスメディアと呼ばれる媒体に広告を流せば、それなりの効果が期待でき、消費者をくぎ付けにするチャンスを得ることができたわけです。お茶の間という言葉が生きていた頃の話です。

しかし、インターネット登場後の現代は、リビングに家族が集まることはあっても、それぞれの娯楽のスタイル、情報の収集方法は多様化しています。テレビを視聴する家族がいる一方で、スマホやタブレットを使ってYouTubeなどの動画配信サイトを観たり、ＳＮＳで交流を楽しんだり、ネットニュースやまとめサイトを読んだり、自由に使える時間の過ごし方が人それぞれ千差万別となっているのです。そして現代では企業だけでなく個人までもがさまざまな情報を発信しています。つまり現代は企業と個人の間で可処分時間の壮絶な奪い合いが繰り広げられている時代なのです。

目まぐるしく生み出されていくモノ・サービスを、次から次へと消費していくのが今の時代の特徴です。大量に情報が押し寄せる一方で、時間の使い方は限られているため消費者がその情報について深く吟味している時間はありません。また、自分が興味をもっていて常に積極的に情報を集めている対象以外は自ら求めにいかない傾向もあります。多くのモノ・サービスについて、熟考せずに消費する対象を決めている状況なのです。

そのため一人ひとりの時間やお金の使い方はある程度定まってきており、その隙間に入り込むのが困難になってきています。効果的な広告展開を仕掛けるには、かなりのリサーチや深掘りをしたうえで、しかも膨大な資金力を投入して展開することが必須です。テレビや新聞はもちろん、動画配信サイトや人気ニュースサイトに広告を出稿したり、電車の広告をジャックしたり、あちこちに散っているターゲットに少しでも広告に触れてもらえるようにマシンガンのように撃ちまくる施策をしてようやく満足のいく成果が得られます。そのような芸当ができる企業というのはほんのひと握りです。

消費者は基本、広告を見てはくれないし、新しいモノ・サービスを選ぼうとする気持ちを自らはなかなか起こしません。興味がある・ない以前に、そこに時間を割く余裕がないのです。

広告業界に長く携わっている私も、かつては多くの人が足を止めて見入るような渾身の額縁広告をつくるのが自分のキャリアの頂点だと思っていました。しかし結局のところ、満足するのはつくり手とクライアントだけのケースが大半である現実を嫌というほど見てきたのも事実です。情報が溺れてしまうほど世の中に溢れる、モノ・サービスの飽和時代には、額縁広告をじっくり消費する余裕はありません。わざわざ足を止め広告にくぎ付けとなってくれる人のほうがまれで、振り向いてもらえるチャンスなどほぼゼロに等しいといっても過言ではないのです。

質が高くても思い出してもらえなければ意味がない

振り向いてもらえないから、知ってもらえない――。ターゲットに自分が欲しいものはこれだと思ってもらえるモノ・サービスを提供していても、運命的な出会いを果たすことができないために、商売で苦戦している企業が増えています。

　なんでも手に入る、グローバルでモノ・サービスの飽和時代の今、きっと品質にはさほど差がないと消費者は思い込んでいます。吟味する時間を消費するくらいなら、なにも考えず目に入ったものを買えばいいという価値観が強いのです。

　必然的に企業側、特に資本力に乏しい中小企業は同質が混在すると見なされている競合のなかで、確たる改善策を打ち出せないまま消耗し合うことを余儀なくされます。そして中小企業同士がしのぎを削っているところへ、唐突に巨大資本が襲い掛かってくるのが無情な現代経済の定めとなっています。

　アメリカのスーパーマーケットチェーンのウォルマートは、新規開店セールと題して自転車を赤字価格で販売しました。周辺にある地元の自転車屋を駆逐するのが狙いです。そしてあらかた競合店がつぶれるのを見届けたら、自転車の価格を黒字となる適正値に戻します。周辺の消費者は、自転車が欲しかったらウォルマートへ行くしか選択肢はありません。

　まさに巨大資本ならではの中長期的で、えげつないマーケティング戦略です。多かれ少なかれ、大企業がその莫大な資本力を武器にして、中小企業が淘汰されていくのは時代の流れといえます。BtoBだろうとBtoCだろうと同じことです。

さらに日本は生産年齢人口が減少する一方で、人材の確保も困難になっています。情報過多で顧客が自由に使える時間の奪い合いが起きている現状、求職者が自分に最適な就職先を慎重に吟味する暇はなく、中小企業を横並びの同質群にしか見ていません。せいぜい給与や休暇日数といった待遇面で比較する程度です。中小企業がその存在を求職者に存分にアピールして、自分が働きたい場所だと感じて入社してくれるような人材を採用することもままなりません。企業への帰属意識が薄れ、思い入れがなく、人材が定着してくれない。離職率の高さは多くの企業が抱えている悩みです。そのため人材獲得を目的にしたブランディングも重要になってくるのです。

良い商品やサービスさえ提供していれば消費者はついてきてくれる、働き手も集まってくれるといった考えは今どきナンセンスで、なにが良いかは受け手によってさまざまです。競合相手との差が受け手に分かってもらえていなければ意味がありません。

競合ひしめくなかで消耗して消えていくか、それともどこか自分たちよりも生存力の高い企業に吸収されるか、対策をなにも取らなければたどる運命はその2つのどちらかしかありません。

企業に求められるイメージ戦略

消費者から見て、企業のつくるモノ・サービスが同質化してしまっている現実は否定しようがありません。なんの戦略も立てず販売営業していても、売れる時代ではないのだということを、企業側は覚悟しなければならないのです。点数をつけるならば、せいぜい70から75点のものがひしめいている、そんな世の中なのです。これは自社商品も含めてであることをまず認める必要があります。

これはあくまで社外から見た評価の話です。例えば飲食業界を見渡せば、Googleに投稿されている利用者の評価平均は星3つから4つです。店主がいかに5点満点の味を出していると自信があっても、評価は70点付近に収まっています。飲食業界だけでなく多くの業種業態が、品質やサービスの客観的な評価を集めたらこのくらいの平均点をつけられることが予測されます。

では、その事実を認めたうえで70点程度の同質群から抜きん出ていくにはどうするべきか、ここで大事になってくるのが選ばれるためのイメージ戦略です。飲食業でいえば、平均点70点程度がひしめくなかにも、90点以上を超えて抜きん出た支持を得ている店もあります。

人気の理由は、単においしいからとか、安いからではありません。顧客にこう思われたいと明確なイメージ戦略ができているからこそ、ターゲットに向けた的確な集客活動が実現できており、その層から絶大な支持を受けているわけです。一度イメージをターゲットに定着させることができれば、なにも広告活動をしなくても利用し続けてもらえます。そんな継続的な施策も実現できているのが、同質群から頭一つも二つも飛び出している店舗や企業の共通項です。

どう思われたいかというイメージ戦略を念頭におかず、世間にありがちな金でものをいわすマーケティング戦略に躍起になっている企業は少なくありません。例えば30%オフクーポンの配布とか、期間限定セールとか、紋切り型の広告メッセージばかり行っているようなところです。これでは安売りに飛びついて一時的に振り向いてくれる顧客を得るだけで、企業や商品のイメージは定着せず、常に選び続けてくれるような顧客を生むことはできません。なぜならたまたま安かったから買っただけであり、売っているものは同質群のうちの一つとしか見られていないからです。その場しのぎのマーケティングであり、結局はそう遠くないうちに、競合ひしめくなかで消耗し跡形もなく消えるか、生存力の高い企業に吸収されるかの末路をたどってしまいます。

生き残り目的のブランディング

それでは選ばれるためのイメージ戦略とはなんなのかを考えると、ここでようやく本題の入り口であるブランディングの話になります。

横並びの状態から一歩踏み出して目立つためには、メディアなどのツールを使って社内外へブランドを浸透させていくことが欠かせません。提供する価値を的確に伝え、消費者からどのように見られたいか、どう思われたいかというイメージのコントロールをすることで、選ばれるイメージ戦略は達成されます。Googleレビューで星5つに近い評価を得ている飲食店のように支持され、継続的な利益を生むことができるのです。

しかし、言葉では簡単に表現できても、実際には簡単に結果に結びつけられないのがブランディングの悩みどころです。ブランディングを重視していると豪語していても、正しく実践できていない企業は山ほどあります。ブランドが大事だ、ブランディングが大事だと、社内で幾度となく議題に上がっているが思うようにいっていない企業も多いと思います。

それほどブランドを確立させたり浸透させたりすることは難しいのです。企業そのものだけでなく製品やサービス、その価値を過不足なく分かりやすい言語にし、消費者の心にメッセージを届けるのは生やさしいことではないのです。

ブランディングでイメージのコントロールをすることは一朝一夕でできるものではありません。しかしこれに取り組まなければ、同質群から抜け出すことなどできるはずもありません。企業の重要な生き残り作戦の一つとして、ブランディングは絶対に避けてはならない手法なのです。

中小企業こそブランディングが必要な理由

モノ・サービスが飽和している現代は消費者に選ばれにくい時代です。逆手に取れば、一度でも生活のなかに、あるいはBtoBであれば業務のなかに、自社や自社商品が選択肢として割り込むことができれば、なにも考えずに継続的に選んでもらえることを意味しています。広告に目を留める時間も、情報を自らあさっている時間も減っているということは、一度消費者を満足させることができれば、ずっと支持される存在になるということです。

例えば私は、服ならこのブランド、靴ならあのブランドというように、購入するファッションブランドを決めています。それらは強固なブランドをもっており、私が買うべき商品はここにあると思わせてくれて、安心して購入することができます。だから新しいものが欲しくなったとき、ほかのファッションブランドを吟味して比較する手間を省いて、ほかの商品に目移りすることなく、そのブランド一直線で商品を求めてしまうのです。

これはなにも、ブランドという言葉から連想されがちな、服とか車といったデザイン勝負の商品に限った話ではありません。日頃の生活でなにげなく使っているもの、ビジネスの分野でしか利用されないものにもブランドがあります。自分が買うべき商品はこれだ、とターゲットに思わせることができれば、同質群を飛び出して継続的な利益を出すことができるのです。

つまりブランディングは、モノ・サービスの飽和時代の今だからこそ、企業の規模にかかわらず重要となっているのです。

日本の全企業の99・7%を占める中小企業のうち、ブランディングを実践できているのは本当にごくごくわずかであると感じています。実際にいろいろな業種の企業に、あなたの会社はブランディングしていますか、と尋ねても、うちは小さな会社だからブランドなんて縁がないよ、といった声が返ってきます。わずかにブランディングの重要性に気づき始めている中小企業がいても、正しいやり方が見えていないケースがほとんどです。目指したいブランドイメージは抱けていても、具体的なメッセージとして表現したり、消費者のイメージをコントロールできたりといった状態にまでは至れていません。

つまり、ブランディングは資本力に乏しい中小企業が生き残るための最も重要かつ、おそらく唯一の手段でありながら、まだ大部分がまともに実践できていないのです。この段階でブランディングを始めておくことが、同質群からいち早く抜け出すための最善策なのは間違いありません。中小企業こそブランディングが必要だと訴えたいのは、以上の理由があるからです。

大手企業に顧客を奪われないようにするためにもブランディングは有効な対抗策となります。

地方のニュースで、ショッピングモールに顧客を奪われてしまい、地元の商店街がシャッター街状態になっているという話をよく見聞きします。確かに売上が激減して閉店を余儀なくされる商店は多くありますが、そんななかなぜか顧客が集まり、経営し続けられている商店もあります。その商店にはきっと確かなブランドがあるのだと思います。ショッピングモールでは得られない、そこにしかない価値を提供できているのです。その価値を求めて選んだ人が足を運び続けています。

これはサービス業の話にとどまらず、顧客になんらかの価値を提供している、ありとあらゆる企業で共通していることのはずです。その企業ならではの価値を、求めている層へきっちりとメッセージを届けることができていれば、超強力なライバルが現れたとしても、企業はつぶされてしまうことなく生き永らえることができるわけです。

つまり、ブランディングさえしっかりできていれば画一的で横並びの中小企業のなかで優位性を保てるし、大手企業の侵略にも負けないのです。極端な話、たとえまずいラーメンを出すラーメン店でも、有名人と知り合えるとか、店員が美男美女ぞろいで愛想がいいとか、ほかでは得られない価値をブランドとして消費者に伝えきれていれば、選ばれ続けることが可能になるのです。

そもそもブランドとかブランディングとは何か

　ここまで当たり前のようにブランドやブランディングという言葉を使ってきました。しかし、これらの言葉ほど実態のつかみにくいフワッとしたものもありません。研究者や経済評論家だけでなく実業家やマーケッターなど、いろいろな立場の人がさまざまな切り口で、ブランドやブランディングを定義付けしています。そしてそれらそれぞれの定義は、互いに矛盾している点があったとしても、間違いではないのだと思います。そのくらいブランドやブランディングは解釈にばらつきがあり、あやふやな存在になっています。

　ここではあくまで、この本のなかでの互いの合言葉として、私と読者との理解に食い違いがないようにするため、ブランドとブランディングを私なりの言葉で表現しておきます。

　ブランドとは一言でいえば、差別化できる自社ならではの価値のことです。もっとギュッとさせて価値としてもいいくらいだと思っています。そしてブランディングは、ブランドを発見し、磨き上げて強化し、社内外に浸透させていくことと定義しています。

メルセデス・ベンツといえば、高級車をイメージする人が大多数のはずです。ベンツは高級であり、それが差別化できる価値、つまりブランドです。さらにベンツというと星形のエンブレム、スリーポインテッド・スターを思い出す人も多いと思います。エンブレムを見掛けたら反射的に、高級車だ、と連想する人も多いはずです。これはつまりブランディングができている証拠で、価値が浸透しているわけです。エンブレムは高級車ベンツの価値を知ってもらうための接点の一つととらえることができます。

企業が存在し経営が続けられているのであれば、他社と差別化できる価値が必ずあるはずです。商品も、買ってくれる人がいるのであれば、やはり差別化できるなにかしらの価値をもっていることになります。そして価値を言葉で表現することができれば、それは確かなブランドとなり得るのです。

価値を提供することで企業は利益が得られるわけですから、突き詰めればブランドのない企業や商品は存在しないことを意味しています。うちにはブランドがないと悲嘆している企業は、自社の価値を理解できていないか、言語化できていないということになります。

どんなものにもブランドはあるはずなのに、ブランドを創出せよとアドバイスする経営コンサルタントや、ブランドチームを立ち上げてブランドづくりをせよと命じる経営者がいます。私の考えからすればこれは間違ったやり方です。ブランドは初めからそこに存在しています。つくるのではなく、発見してピカピカに磨き上げるものなのです。しかしブランドの本質的な意味合いを履き違えてしまい、ブランドがうまく確立できないと悩みを抱えている企業は数多く存在します。

ブランドというのは、どこよりも早く納品できる点が差別化要素であれば、それも立派なブランドになります。そのブランドを基点として、即日納品のスピード感を伝えられる接点づくりをしていけば、ブランディングとなり、スピードを最優先に求める顧客にとっては唯一無二の存在になり、選んでもらえる理由を生み出すことができます。普段の言葉遣いや制服も顧客との接点の一つなのでブランディングの対象となりますし、ロゴマークや広告、パンフレットにもブランドを活かすことができます。あらゆる接点でブランドを印象付けるイメージ戦略を展開することができます。そして効果的なマーケティング施策と絡めていくことになります。

このようなブランドの言語化とブランディングの正しい手順を踏めば、競合相手との差別化ができ、同質群を抜け出すことができるのです。

ここで伝えたいことはただ一つです。ブランドをまず言語化しないことには、価値を知ってもらえるようなブランディング活動はなに一つできません。ブランドを言語化することがブランディングのすべての土台となるのです。

ブランドを見つけるためのプロセス

それでは実際に、企業や商品が内包しているブランドを見つけるためにはどうすればいいのか、ここではきちんと論理立てて説明します。

ブランドを見つけるためには次の3つのレベルを確認する必要があります。

①一般製品レベル＝市場の需要に応えるために絶対に必要な要素

②期待値レベル＝買い手が期待している要素

③膨張レベル＝競合他社の製品やサービスと差別化する要素

一般製品レベルとは、ターゲットのいる市場が求めているものを満たすための最低限のレベルのことで、もっと平たく消費者の目線でいえば当たり前のレベルです。これを満たしていなければブランドどころの話ではなく、企業としてあるいは商品として存在する意味がなくなってしまいます。家電メーカーなのに半年使ったら壊れるとか、音がうるさすぎて使い物にならないとか、サービスセンターが存在しないとか、あってはならないレベルのことです。一般製品レベルに達していないのであれば、ブランドうんぬんよりも、まずは一般製品レベルに達するような努力が必要になります。

期待値レベルは買い手が抱いている期待に届いているかどうかのレベルの話になります。家電メーカーでいえば、機能性が充実しているとか、デザインがおしゃれだとか、長期保証がついているとか、買い手によって異なる期待を抱いているモノです。もちろんあらゆる買い手の期待値に応える必要はなく、これらのうちの、どの買い手をターゲットとしてとらえて、戦略を練っていくかが肝心となります。

ブランドを見つけ出すにはまず、一般製品レベルと期待値レベルに該当する項目を、自社や自社製品に合わせてできるだけ挙げていくことです。ただし、「我々はお客さまの期待値レベルを満たしています」ということをブランドの軸にして展開していこうとするところが多いのですが、これは誤ったやり方です。

企業ブランドの場合、顧客に満足してもらえる品質を提供することをブランドの根幹にしてしまうとブランディングは往々にしてうまくいきません。なぜならあらゆる競合相手も顧客に満足してもらえるよう頑張っているからです。まったく差別化することができていません。選んでもらえる理由にはならないのです。

ほかにも製品の場合、充電時間が短いとか軽いとか、栄養満点とか単純に安いといったものもブランドにはなりにくいです。これらはあくまで消費者の期待値レベルに応えただけのセールスポイントであり、今は他社と差別化できていても、いずれ競合が上回る性能のものを提供する可能性があるからです。恒久的なブランドとはなり得ません。セールスポイントをアピールしてはいけないなんてことは決してありませんが、アピールの優先順位を下げていいですし、ブランドにするのはやめておくべきです。

ブランドは、長い未来にわたって差別化できる、一般製品レベルや期待値レベルを飛び越えた、先のものであることがポイントです。

鍵は差別化要素の言語化

そこで3つめの膨張レベルになります。説明にあるとおり、競合他社の製品やサービスと差別化できる要素になるわけですが、容易に見つかるわけではありません。そこで期待値レベルで挙げていった要素がヒントになります。

まず、期待値レベルにある項目のなかで、自社がどこを大事にしているのか、買い手にどう感じてほしいのか、それらを言語化したものがブランドの根幹になります。

言語化されたブランドはパッと見て具体的なイメージや行動原則が見えてこないといけません。もし具体的に見えてこないのであればそれはありふれたものであり、膨張レベルには到達していません。もっと深掘りする必要があります。

この試行錯誤がブランドを見つけるための重要な思考プロセスになります。

有名な事例を挙げれば世界的なコーヒーチェーンのスターバックスです。スターバックスは美味しいコーヒーを提供するという価値を超えて、リラックスできる場所を膨張レベルとし、他社との差別化を図っています。その膨張レベルを言語化したのがサードプレイスです。家でも職場でもない、顧客にとっての第三の場所となることを目指しています。サードプレイスという言葉があればこそ、店内の雰囲気やレイアウトは決まってきますし、サービスに従事する店員の行動原則も定まってきます。その結果が今のスターバックスの人気となっているわけです。

このように、言語化されたブランドに基づいた行動原則があるからこそ、さまざまな形で視覚化されていきブランディング展開されていきます。

この言語化されたブランドと消費者との接点になるのが商品パッケージだったり、ロゴだったり、広告展開だったり、あるいは名刺や制服だったり、いろいろと考えられます。そのなかにＷｅｂサイトもあるわけですが、これは本書のメインテーマなので次章で重点的に解説します。

とにかく差別化できる価値を具体的に言語化していればこそ、消費者との接点づくりに一貫性をもたせることができます。その表現方法に間違いがなければ、どの接点に触れても、企業や製品を想起してもらえます。例えば商品パッケージを見ただけでも、価値を提供している企業名が浮かんだりするわけです。

まさかの「まずい」で差別化

一般製品レベルは絶対に達していなければいけないレベルですが、期待値レベルに関してはそのうちのいくつかさえ満たしていればいいものになります。極端な話、たった一つの期待値レベルにフォーカスしてブランドを確立してもいいわけです。

例えば、接客対応は良くないけど提供している商品の品質はすばらしい、ということもひとつのブランドになり得ます。品質が良いという期待値を大きく超えることで、寡黙な技術者集団、というイメージづくりができるかもしれません。

時には期待値レベルをいい意味で裏切ることで売上を伸ばすケースもあります。キューサイの青汁は「まずい、もう一杯」で一世を風靡《ふうび》し、健康食品で不動の人気を得ることができました。

健康食品では、おいしいことは一般製品レベルではなく期待値レベルに該当します。そこでおいしいを切り捨てて、まずいけれど体にいいからもっと欲しくなることを膨張レベルとしたわけです。これをブランドとして昇華させたのは非常に特異であり、秀逸なイメージ戦略といえます。おいしい健康食品を求めている人をターゲットから外したブランディングですが、それらの人さえも虜にする成功事例となりました。ちなみに「まずい、もう一杯」の名セリフは、ＣＭ撮影時にたまたま出演俳優が口にしたアドリブだそうで、偶然の産物ブランドだったとのことです。

これはラッキーな大成功例で、まさに異例中の異例です。ブランドを見つけていくうえでは慎重な議論を幾度も重ねていき、買い手に感じてほしい価値をとことん追求していく必要があります。

ブランドは長期にわたって利益を生み出す無形の経営資源

例えば自社ビルや店舗を構えるとき、店の外観や印象について、経営者はとことんこだわるはずです。経営者の想いを表現したり、建物を見た人にどのような思いを抱いてもらいたいかをイメージしたりしながら建築計画を進めていくと思います。内装や設備にも気遣いが行き届いていれば、働いている人のモチベーションは高くなりますし、訪れる人にも好印象を抱いてもらうことができます。取引先や顧客を増やす一材料となり、金融機関が融資に積極的になってくれる可能性もあります。ここで働きたい、という強い気持ちを抱いた就職希望者が殺到することも考えられます。もちろんまったくその逆で、経営者の趣味全開の建物が出来上がり、経営にマイナスの影響を与えるケースもゼロではありません。

いずれにしろ建築計画にあたって経営者はこだわり抜くはずです。建物は企業にとっての重要な経営資源となり得るからです。大きな見返りのある投資と判断できるわけで、時間とお金を惜しまず投じていきます。

実はブランドも同様で、時間とお金をかける価値ある投資なのです。ブランドに触れた人の心を強く動かすことができれば、取引先や顧客のイメージアップはもちろん、社内の人たちの意欲や生産性の向上にもつなげることができます。ブランディングが正しくできていればいるほど、継続的な利益に寄与してくれるのですから、これ以上ない経営資源となるのです。建造物が有形の経営資源なら、ブランドは目には見えない無形の経営資源といえます。

しかしその重要性はさほど認知されておらず、ブランディングは時間やお金をかけるものではないと思っている経営陣が多いようです。

ブランドは事業を続けていれば勝手につくられていくものだという認識で、何も考えずに営業する企業もあります。そのやり方を決して否定するつもりはありませんが、自然形成のブランドだとイメージをコントロールすることはできません。企業の想定していたものとは正反対のブランドが確立されていたとしても、ブランドが一人歩きしていたら覆すことはできなくなってしまいます。時には経営にプラスにはならないブランドイメージが定着し、売上にまったく貢献してくれないことも考えられます。

そのような悲劇を起こすことのないよう、早い段階でのブランド確立とブランディングは不可欠なのです。建物とは違って成果物の見えにくいものですから、どれだけの時間やお金をかければいいかの判断は難しいと感じると思います。しかしブランドも投資の一つであり、時間とお金をかければかけるほど長く大きなリターンを得られるものと考えるべきです。そして建物と同じく適度な見直しをして、補修できるところはしていくことが重要です。

自走するブランドは最強

スターバックスはテレビCMや雑誌広告などの宣伝活動をしません。広告費をほとんどかけていないのです。最高のブランディングによって第三の場所として消費者（顧客）に認知され、選ばれる存在になっているからこそ、なにもせずとも、足を運んでくれる顧客が後を絶たないのです。これぞ社内外に対するブランディングの成功例といえます。

ブランドが自分で走ることができて勝手に顧客を呼び寄せてくれているような、そんな収益構造をスターバックスは実現できています。これはまさしく理想形で、ブランディングもこれほどまでに極めることができれば、広告にお金をほとんどかけることなく継続的な利益が出せることを証明しています。

ブランドとは目には見えない超優秀なスタッフです。ブランドは人的資産と同じく、バランスシートには書かれていない最強の経営資源であることを知っておくべきです。

ブランディングとマーケティングは違う

消費者に選ばれるにはブランディングだ、と言い続けてきましたが、実はブランディングだけやっていても売上は伸びません。ブランディングでしっかりと盤石な土台をつくったうえで、他方のマーケティングも欠かせないのです。ブランディングとマーケティングの合わせ技によって、たくさんの集客と利益をもたらすことができます。

ブランディングとマーケティングを混同している人がとても多く、まずはこの違いをはっきりと認識しておくことが必要です。

例えば、北海道の奥地、厳寒の地にリゾートホテルがあったとします。春から夏にかけてはすばらしい自然環境の中で自分自身や家族と向き合うことができ、都会での煩雑な生活を忘れられるということで国内外から非日常を求める顧客がたくさん訪れますが、冬はその厳しい寒さと雪のため、宿泊客の足は遠のいています。このリゾートホテルのブランド価値はどこにあるのでしょうか。

・周辺の環境
・ホテルの設備・サービス
・地産地消を掲げた豊かな食事

確かにそうかもしれませんが、ほかのリゾートでも同じ価値を提供できそうです。そこで逆の視点で、マイナスだと思っていた「日本一寒い場所にあるリゾート」を価値にし、業績が低下する冬期に、宿泊客にとってデメリットだと思っていたことをメリットにします。厳しい寒さと雪の中で、厳寒の地ならではのアクティビティを提供するのです。

・アイヌの方々の生活／文化を追体験できるアクティビティ
・満天の夜空の下で体験する焚き火とジビエ料理

・闇と静寂のなかで体験する瞑想

など、マイナス要素だと考えられていたことを逆に観光アセットに転換して価値をつくる。これが、ブランド開発の一例です。料理が美味しいとか設備が良いとか、真心こもったサービスを提供するとか、そういうことも必要ですがそれらはブランドにはなりません。顧客の期待値レベルです。

一方で、このようなブランドづくりを行っても、誰も知ってくれなければ意味はありません。そこでいろいろなメディアを中心に、外に向かって価値を発信していくのです。ターゲットは、国内はもちろんアジア・欧米まで存在しますからやはりＷｅｂが中心になるでしょう。グランピングや高級リゾート、自然の中の非日常を求めている人々が潜在顧客であるのなら、彼らが普段どんなキーワードで旅先候補を検索しているのか調べてそれにマッチした検索連動広告も行うべきです。さらにここだけで体験できるアクティビティを知ってもらうためのプレスリリース、国内外のトラベルメディアに取り上げてもらうための広報活動、来訪までのアクセス情報をしっかり伝えることも重要です。ＳＮＳやブログなどのオウンドメディアで、時々に移ろう自然を発信するのも一手です。そして訪れた人々がＳＮＳで共有したくなるような機会を随所につくりだします。

これらの一連の活動が、マーケティングです。もちろんブランドの開発を行わなくても、マーケティングはできます。しかし差別化できる価値がなければ選ばれる理由に乏しく、必ず行きたい、と思わせることにはつながりません。ターゲットとのリレーションシップを図れず、投資に見合った見返りを得ることができないのです。

一本の木でたとえるなら、ブランドは根っこや土壌といった土台部分に当たります。そして幹のところがブランディング、一方のマーケティングはその幹の枝葉のようなイメージです。頑強な根っこを張ることによって、立派な幹や枝葉となり、長寿の木となります。

このようなブランディングとマーケティングの違いをはっきり識別できておらず、ブランドが不在の状態でマーケティングをする企業も数多く存在します。これでは貧弱な土地で無理やり木を育てようとしているようなもので、マーケティング効果で一時的な売上アップは望めますが、ブランドを媒介とした購買ではないので、顧客の定着にはつながりません。

ブランディングが貧弱な状態でマーケティングを実行しても無駄打ちになってしまうケースのほうが圧倒的に多いのです。ブランドづくりとブランディングの実行にもっと力を入れ、土台をしっかりさせることで、より磨き抜いた特徴を感じてもらえて、ターゲットの心をつかんだマーケティングができるようになります。

反対に、ブランディングはしっかりしているのに、適正なマーケティングができていないために集客に失敗することもあります。

高級感をブランドとしているのに広告が安っぽいつくりをしていたらターゲットから選ばれることはありません。ブランディングは価値を正しく伝えるイメージ戦略であり、イメージのコントロールでもあるのです。マーケティングも同様の狙いがあるべきですから、きちんとブランドと連動できていなければいけません。

ブランドと連動できているマーケティングとそうでないマーケティングでは、顧客に与える印象は段違いであることを覚えておく必要があります。

マーケティングは後戻りしていい

全体から見ればブランドやブランディングは根幹の部分で、マーケティングは枝葉です。枝葉は成長に応じて適宜剪定してバランスを整えていくものです。同様に、マーケティングも状況に応じて見直していき、最適な方法を模索していくべきです。

ＰＤＣＡ方式でいろいろなマーケティングを試し、効果のあるものはより力を入れ、思うような効果のないものはやめたり戦略を練り直したりなど、結果に応じて柔軟に変更していくことが望ましいです。ときには一度すべてをリセットして、再び原点に立ち返ってブランドを可視化した別のマーケティング手法を考えることも、企業の未来のためには必要な選択となることもあります。

一方、ブランドは一度決めたらよほどのことがない限り変えてはいけません。ブランドを変えるとなると、育ててきた木を根っこからごっそり引っこ抜くことになるので、企業の根底から枝葉のマーケティングまですべて洗い直さないといけなくなります。

ブランドの大幅な方向転換をしたことで、売上がガクンと落ちただけでなく、既存の顧客まで手放すことになってしまった実例は決して少なくありません。ブランドの練り直しは、いわば諸刃の剣であって、事業継続が瀬戸際に立たされた、もうほかに選択肢がないという究極の状況のときのみの、最後の手段であるべきです。

ブランディングは後戻りしてはいけないけれど、マーケティングは何度でも後戻りしていいという、ブランディングとマーケティングの最大の違いはここにあります。

芯のあるブランディングと芯のないブランディング

ブランディングはしっかりやれていると自信のある企業でも、ブランドがうまく機能しているところとそうでないところに大きく分かれます。

まずブランディングがうまくいっていないほうは、芯が通っておらずグラグラしていて一貫性がありません。例えば働く人々をターゲットにしているのに夕方6時に閉店するとか、買いやすい価格設定なのに広告はラグジュアリーで高そうなイメージとか、一貫性のないブランディングになります。

このような芯の通っていないブランディングをしてしまう企業には共通点があります。まずよくあるのが、経営者ただ一人の心のなかだけでブランドが芽生えているケースです。ブランドがきちんと社内で共通のものとなって言語化や視覚化がされていないため、イメージを共有できていない従業員は自社のブランドを自分ごととしてとらえることができず、ブランドを浸透させるために、いちいち経営者の意見を求めないといけないことになります。ワンマン経営ならぬ、ワンマンブランディングです。このやり方の最大の弱点は、経営者のその時々の気分やさじ加減で、方向性が右にも左にも大きくブレてしまいがちなことです。ブランディングは行き当たりばったりな状態に陥りやすく、一貫性を失ってしまうのです。

ワンマンブランディングはロゴマークやパッケージのようなビジュアルデザインを検討する際も、経営者の心のなかだけでヒットしたものが選ばれていきます。合理的な判断に基づいたものではないため、経営者が高級感を求めて選んだものであっても、必ずしも周りはそうは感じない可能性も十分にあるわけです。しかもブランドは経営者の心のなかだけにあり、言語化されていないため、周りも経営者の選択に従うしかありません。それはうちのブランドには合っていないと思います、とは誰も言えないのです。

経営者自身に飛び抜けたセンスやカリスマ性があれば、このようなワンマンブランディングでも会社にとってプラスとなり、ある程度の広がりや展開は見込めます。しかし、事業の規模が大きくなればなるほど、経営者の目には届かない範囲をカバーしきれなくなっていきます。経営者の心のなかだけでブランドを育てていては、会社の隅々までブランディングが行き届きにくくなってしまうのです。そして結局は統一感や一貫性が失われ、顧客の心が離れていってしまったり、従業員にも見放されてしまったりすることになってしまいます。ブランドの言語化や視覚化ができていないために、それが消費者にも従業員にも浸透せず長期的な利益を生み出せていないのです。

芯のないブランディングの共通点としてもう一つあるのが、ブランディングチームの編成や方向性が頻繁に変更されるケースです。

これは大手企業ほどやってしまいがちな、中身のないブランディング計画です。なぜ大手企業に多いかというと、大手企業では人事の事情で、ブランディングやマーケティングを担当する人材が3年周期など短い期間で変わることが当たり前のように起きます。経営者がコミットせず現場部署に任せていると、担当者が変わるたびにブランドの芯が揺らぎ、浸透力は弱まります。そしてブランドそのものが変わったり、消費者との接点にブランドが反映されなかったりするという状況が起きてしまうのです。

実はこれは非常にリスキーな選択で、中小企業がこれをやったら命取りです。もしブランドの軸がぶれてしまったら、新規獲得はおろか、既存の顧客をも手放すことにもなってしまうからです。大手ならではの大胆なイメージ戦略の一新で、成功すれば抜群の効果がある可能性を秘めてはいます。優秀なブレーンを得てブランドの転換に成功している企業もなかにはあります。しかし、残念ながら結果的には失敗しているパターンのほうが多いかなというのが実際に現場で関わっていて感じるところです。

というわけで、芯が一本通っていて硬度の高いブランディングをしたいのであれば、これらの逆をすればいいということです。まずはなんといってもブランドを言語化して、周りに浸透させることは絶対に必要です。そしてなるべくチーム編成を変えないことです。やむを得ず変えるのであればきちんとバトンを渡して引き継ぎをすることも重要です。

芯がしっかりしたブランディングなら、顧客も経営者も従業員も、関わる人のすべての心で抱いているイメージがまさにイコールで結ばれているはずです。企業ブランディングにしろ、商品ブランディングにしろ、この状態こそがベストであるといえます。なかなかここにまで達するのは難しいのですが、これを目指していくことでブランディングの成功精度はより増していきますし、同質群から常にずば抜けた存在になれるわけです。

憧れよりも理解者をつくる

ブランドの話を中小企業の経営者にすると、うちの会社はそんなたいしたものはありませんよと、謙遜からかそう話されることがあります。ブランディングをよく見られるためのもの、憧れを抱かせるものと思っているようですが、それは間違った解釈です。ブランドというちょっと高級な雰囲気のカタカナ言葉に踊らされ過ぎです。

確かに高級ブランドと呼ばれる商品は、高級であることでほかと差別化しているため多くの層に憧れを抱かせる存在です。しかし、よく考えてみれば、高級ブランドのメインターゲットは富裕層であり、彼ら富裕層にとってはためらうことなくとも手が届く存在です。憧れでもなんでもありません。

高級ブランドは富裕層をターゲットに据えて宣伝活動をしているだけの話です。それをメインターゲットから外れている層が、なかなか手を出せない憧れとして抱いているだけであって、企業自身が打ち立てているブランドそのものに憧れをもたせる狙いはないわけです。

憧れは単なる副産物です。憧れを抱く層が世の中の大部分なので、多くの人が「ブランド＝憧れ」の印象をもってしまうのだと予測できます。

つまり、高級ブランドのメインターゲットである富裕層は、ブランドを理解している層に過ぎません。ブランドの良き理解者だから、熱烈な支持者となり、ときには応援者にもなり、ほかに浮気することなくそのブランドを買い続けるのです。

単なる憧れを抱いているだけの層は、一度買って満足してそれで終わりということも往々にしてあります。彼らは本当の意味でのブランドの良き理解者とはいえません。

したがってブランドは、憧れをつくろうとしたら継続的な利益を出す資源にはなってくれないということです。憧れではなく、理解者をつくるための施策と考えるべきなのです。

アウトドア用品を販売するメーカーのパタゴニアは、自社製品をたくさん提供して利益を上げることを企業の目的とはしていません。自分たちの製品によって、地球全体の環境が改善することこそ、パタゴニアが存在する主題としています。

何度も買い替えることのないよう、地球に優しく耐久性に優れた製品を取りそろえているのがパタゴニアの真の価値です。スタッフが使っていたものを古着として提供する店舗を開いたり、修理やサービスにも徹底的に力を入れたりしています。新作が出ても「DON'T BUY THIS JACKET」と平気で広告するような企業なのです。

これらはすべて地球環境のためです。多少値段が高くても、その分、長もちするのなら納得できます。確かなブランドやビジョンがあるからこそ、理解者がたくさんついてきていて、買わなくてもいいスタンスでありながら継続的な利益を生み出すことができています。

そういう価値があるから自分はこれが欲しいのだと、このようにブランディングによるイメージのコントロールで理解者を獲得し続けることができたら最強です。その製品やサービス、その企業はよほどのことがなければ、未来永劫なくなることはないはずです。

決して憧れを抱かせようという着想でブランディングをスタートさせてはいけません。提供する価値に共感してもらい、理解者を増やし、長く応援してもらえることを基本の思考とすることが重要です。

ブランディングが裏目に出ることも

日本はブランドに対する意識が弱く、たくさんの機会損失を経験しているように感じます。たくさんのすばらしい技術や製品やサービスがあるにもかかわらず、世界に置き去りを食ったような経済の停滞を味わっているのです。これには、ブランドをつくって利益を創出するという考え方が浸透していない点も一つの要因として考えられると思います。

ここまでの文脈で表現するなら、自分達が提供している価値を正しく言語化し、伝える努力をするといった視点が欠けているのだと思います。日本は背中で語るという古くからの暗黙のルールのようなものがあり、それはそれで日本の尊重すべき風習ではあるのですが、一方でグローバル市場に対応した意識転換も大切となってきます。他国から一歩も二歩も抜きん出た存在となるためには、ブランドは利益を生む、ということをしっかりと念頭におくべきなのです。

もちろん、これまでアピールはしていなくとも、日本には日本らしい価値、ブランドが育くまれてきました。しかし、ブランドを発見し磨いていくプロセスで間違った部分にフォーカスし、硬度のないブランドが誕生してしまっているようにも感じています。その結果、さまざまなシーンで「ミスマッチ」が起きてしまっており、モチベーションがいまひとつ高まらない日本を形成し、経済の低迷を招いているという見方ができると思います。

それが最も顕著に出ている例として挙げたいのが人材採用です。バブル崩壊後の平成以降、経済の停滞が始まるとともに、企業は一人でも多くの優秀な人材確保を達成するための施策として、企業の待遇の良さを前面に押し出してきました。どんな価値を世の中に提供しているのか、どういった志をもって仕事に励んでいるのかは後回しにして、給料面や福利厚生や休暇の数を競うようなホワイト企業アピール合戦を繰り広げてきたのです。特に大企業においてはそういった様相が激化していきました。

採用広告に使われている写真は笑顔でいっぱいの社員たちです。添えられているメッセージも、未来をともにとか、夢をかなえられる理想の場所といった、どの企業でも使えそうな無難なものたちばかりが並んでいました。

しかし集まってきた人材の大半が安定を求める人たちであり、企業側が求めていたような、将来その企業を担える人材とは必ずしもマッチしていなかったのです。ホワイトな働き方を求めて職に就いた人材が戦力として期待できない、というわけではありません。しかし、一つ確実にいえることは、安定を求めずに挑戦したいと考える人たちは、そういったホワイトぶりをアピールしている企業には行かず、自分の能力を存分に発揮できる外資系やベンチャー企業などにエントリーしていったというところが実情です。

それらは特にここ10年くらいの間に続いてきた話であり、今はどうなっているかといえば、安定を求める人たちばかりが寄り集まった国内大手企業が低迷し始めています。安定を求めて仕事を探す人は帰属意識が薄く、所属している企業に対して思い入れがありません。経営が傾き始めたと感じたら、なんのためらいもなく辞めていってしまいます。そしてほかに行くあてのない人だけが残ってしまう、そんな頼りない戦力主体で組織されている企業が日本のありとあらゆるところに存在しているのです。

大手企業だって資金力でどうにかできる時代でもありません。安定企業だからという理由で働いている人々をどう教育して経営資源化していくか、そこに全神経を集中している企業も決して少なくはありません。

結局これはなにが悪かったのかといえば、そもそも採用のブランディングのやり方、イメージ戦略が間違っていたということです。安定感を価値として知らしめていたことが、思わぬしっぺ返しとなって企業経営に跳ね返ってきているだけの話なのです。

採用の例から伝えたかったことは、ブランディングが裏目に出てしまうと、結果として大きな損失を抱えることにもなってしまうということです。

こういった流れから採用ブランディングにも注目が集まり、大手企業もさまざまな策を展開しています。

例えば三井住友銀行が2022年まで打ち出していた採用メッセージは、「いい子になるな、いい個になれ。」です。

このメインメッセージのあとに続いているのが「前ならえが綺麗な集団は、つまらない」というものでした。安定感を求めている奴らはエントリーしてくるな、という裏のメッセージが伝わってくるくらい、かなり強い意志を感じます。ちょっと前まで金融機関といえば、広く社会に影響をもつ組織なので個性的というより無難なイメージを展開する企業ばかりでしたが、大きな方針転換といえます。

かつてのホワイト企業ぶりをアピールするブランドは捨てて、冒険心旺盛な人材を集めようとしている気概が伝わってきます。社員たちの写真も笑顔はなく、みんな真顔だったり、真剣な眼差しをしていたりする素材が多用されています。まさにイメージを変えようとしている、芯を一本通した採用ブランディングです。

大手金融機関だけでなく、多くの国内大手企業が、そのようなイメージ戦略の刷新を図っています。そうでないと生き残れないということを悟っているのです。

とにかくたくさん人を集めるような大きな網を張るのではなく、本当に会社が望んでいる人、そしてその会社に心から入りたいと思っている人にマッチングできるような仕組みをブランディングで実現しようとしています。

採用だけの話ではありません。企業そのものであっても、製品やサービスであっても、受け手とのミスマッチを招くイメージ戦略をしていたら、ゆくゆくは経営の足を引っ張る事態にもなってしまいかねません。

間違ったイメージ戦略は、価値を提供する側にとっても受け取る側にとっても、こんなはずではなかったという不幸を招くことになります。いいことなんて一つもありません。

だからこそ、正しい価値を正しい言葉とイメージで伝えていくブランディングは大事なのです。もしかしたらすでに気づかぬうちに、間違ったブランドを消費者に植え付けている可能性もあります。あるいはブランドがあっても、言語化を間違えてしまったり、視覚化で失敗し、想定のイメージを与えられていなかったりする可能性もあります。

現代はモノ・サービスの飽和時代です。選ばれる理由を強く明示しないと、受け手の心に触れられるブランディングにはなりません。消費者に向けてメッセージを直球で投げ込めるようなイメージ戦略は欠かせないのです。

大手企業でさえイメージの刷新にあくせくしている時代です。生き残りを左右する唯一の鍵がブランディングといっても大げさではないと考えます。正しいブランディングの手法を実践できてさえいれば、自社や自社商品を選んでもらえる時代という、とらえ方もできます。

このような時代背景のなかで、ブランディングをしない、という手段はあり得ないのです。差別化できる価値を見いだし、ブランディングの正しい手法を実践することが、モノ・サービス飽和時代の最重要課題です。

第2章

ブランドに対する
信頼・安心を与え、
ファンを獲得する

「Webブランディング」が
もたらすメリット

Webサイトは顧客と企業との最初の接触ポイント

競合と差別化できる価値をブランドとして確立し、その価値を浸透させる――これによって自社や自社商品のイメージをコントロールでき、消費者に「自分の欲しい価値がここにある」と思わせることができます。メディアは価値を知ってもらうための接点となるわけで、広告やロゴだけでなく名刺や制服など、その候補はいくつも考えられます。どこに力を入れて展開していくべきかは悩ましいところです。

テレビＣＭや新聞などのマスメディアで、私たちはこういう価値を提供しています、といった類いのブランディング広告を打ち出していくのも一つの手です。しかし、マスメディアの広告費は決して安いものではありませんし、マス（大衆）に投げ掛けてどれだけターゲットにメッセージが届けられるのか、特にモノ・サービスが飽和している現代において、費用対効果で言えば有効かどうか疑わしい面がある点は否めません。また、ロゴやパッケージの一新といったブランディングだと、一度決めたら変更することは容易ではありません。自社内だけで制作するとなると独りよがりになりがちで、ブランドを消費者へ浸透させることは難しいためこれらをブランディングの第一歩として選ぶのもお勧めできません。

そこで、ブランドを浸透させる最初のメディアとして私が推奨したいのがＷｅｂなのです。今の時代、Ｗｅｂを利用したことがない人は、日本国内ではゼロに等しいと思います。

私たちの消費行動や情報のインプットは、そのほとんどがＷｅｂ経由となりました。なにかを買うとき、どこかに行きたいとき、なにかを食べたいとき、他人の評価を知りたいとき、なにかとなにかを比較したいとき、必ずＷｅｂを使うようになっています。コミュニケーションツールとしてもＷｅｂはその座を揺るぎないものにし、知り合いの近況を知るのも、連絡を取るのも、情報を発信したり、受信したりするのもＷｅｂ上が主流となっています。Ｗｅｂがきっかけとなって人と知り合うことも最近では当たり前の時代となりました。

人と人だろうが、人とモノ・サービスだろうが、ありとあらゆる接触の際にＷｅｂが入り口になっているということです。これはＢtoＢだろうがＢtoＣだろうが大差はありません。Ｗｅｂがありとあらゆる情報との接触の最前線となって優に10年以上は経過しています。

企業のＷｅｂサイトや、企業の提供する製品やサービスのＷｅｂサイトは、顧客に選んでもらうための一つの材料として年々大きなウエイトを占めるようになっています。もしＷｅｂサイトの情報精度が低いうえにレイアウトや使い勝手が悪く、訪問者の印象を損ねてしまったら、たとえすばらしい価値を提供しているという自信があっても、伝わらないまま離れられてしまいます。Ｗｅｂサイトが信用されやすく、なおかつ記憶に残りやすいつくりをしていることは、顧客に選んでもらうためには必須となりました。もっといえば、訪れた瞬間にほかにはないような価値を感じ取ってもらえて、「自分の求めていたものはここにある」と思ってもらえるＷｅｂサイトを構築できることが最良なのです。

すなわち、ブランドとしっかり連動できているＷｅｂサイトこそが、価値を正しく伝えることで理解者を生み出し、選ばれ続ける礎となってくれるということです。

未来の顧客との最初の接触ポイントがＷｅｂなのです。ブランドという土台が見えてきたのなら、まずここから手を入れていくべきです。

これは私がＷｅｂブランディングを中心に据えたクリエイティブ企業を経営しているから、営業のためにいっているのではありません。Ｗｅｂサイトがブランドを表していないならば、これからの時代を生き残ることは絶対にできません。そのくらい重要なのです。

何よりもまずWebブランディングを勧める理由

顧客と企業あるいは顧客と製品・サービスが出合う最初の接点がＷｅｂだから、という理由だけでＷｅｂブランディングを勧めているわけではありません。ほかにもブランディングの入り口はＷｅｂブランディングから、という明確な理由があります。

Ｗｅｂブランディングをイチオシする最大の理由は、マスメディアを用いることに比べて圧倒的に投資効果が高いということです。

テレビＣＭや新聞のように高い費用をかけて広告スペースを押さえる必要はなく、パンフレットを制作して配ったり郵送したりする手間もありません。Ｗｅｂサイトは、開設しておけば潜在的な顧客が能動的に価値を求めて訪れてくれます。もちろんＷｅｂサイトに人を集めるためのなんらかのマーケティングは必要となりますが、それでもブランドを広めるために最も投資効果が高いのがＷｅｂブランディングなのです。

また、ほかのメディアとは違って、インターネットに接続できる環境さえあればいつでもアクセスできるので機会損失がありません。顧客と出会える可能性、好きになってもらえるチャンスを与えられる頻度が、ほかのメディアの比ではないほどに高いのです。

ごくまれにお金をかけてＷｅｂサイトをつくったのに全然集客につながらなかったというような愚痴も聞きますが、それはブランド力のないＷｅｂサイトだったからだと考えられます。印象に残らず、選ぶ理由を訪問者が見つけられなかったために、離脱されてしまっているのです。確かなブランディングに基づいたエモいＷｅｂサイトを設置していれば、大きな効果を得られるのがＷｅｂブランディングのすごいところです。

マーケティング戦略が立てやすい

Ｗｅｂならあらゆるデータを数値化し、可視化することができます。

１週間にサイトを訪れた人は何人なのか、人気のあるページはどこだったか、さらにページの中でも最も注目されているのはどの部分か、サイト訪問者が取った行動はどんなものだったのか、サイトの滞在時間はどのくらいだったのか、訪問のきっかけは検索なのかＳＮＳなのかほかの誘導広告からなのか、検索で訪問した場合にはどういう言葉を検索してサイトへたどり着いたのか、訪問者の年齢や属性も、適切な解析ツールを使えば把握することができます。問い合わせフォームを設けていれば訪問者から質問や感想、要望を集めることも可能です。

それら蓄積されたデータを駆使すれば、より効果的なマーケティングの戦略を立てることが可能となります。反応が良かったマーケティングにはより力を入れればいいですし、反応が悪ければ速やかに方向転換を促すことができます。

Ｗｅｂブランディングのメリットというよりも、Ｗｅｂそのもののメリットに近い話ではありますが、ブランディングが行き届いているサイトほどその数字には確かな根拠が生まれます。

これ以上の話はマーケティングの専門書に譲りますが、発展性や応用性が高いというのもＷｅｂブランディングならではのメリットなのです。

Webブランディングの重要性を認知している企業が少ない

これは実際にＷｅｂ制作に携わっていて肌で感じていることなのですが、まだまだＷｅｂブランディングの重要性を認知している企業は多くありません。

例えば集客効果の高そうなキャンペーンを打ちまくっているのに、公式のＷｅｂサイトは2世代くらい前のクオリティでちょっと古過ぎるなどというケースは、特に中小企業ではよくある話です。これではせっかくのマーケティングも大きな効果が見込めません。そしてそんなその場しのぎのキャンペーンだけでは顧客の定着も悪く、ジリ貧になっていくのは明らかです。

現状多くの企業のＷｅｂサイトにはブランドという土台が反映されていないため、訪問者に価値を伝えられず、せっかく未来の顧客がやって来ても素通りさせてしまうことがほとんどなのです。非常にもったいないことだと思います。

機会があればＷｅｂサイトの質を上げよう、くらいのスタンスの企業ばかりです。その機会というのは、新事業発足時とか、新規上場とか、売上倍増を目指した大胆な経営計画立案など、企業にとっての大きなターニングポイントに当たる局面が大半です。そんなめったに訪れない機会がくるまでＷｅｂブランディングを後回しにしているというのは、素通りしていく多くの顧客候補たちを平然と見過ごしているようなものです。

まだ多くの企業がＷｅｂブランディングの重要性に気づいていない今だからこそ、競合相手を出し抜けるようにＷｅｂブランディングに力を入れるべきです。

企業や商品の同質化が否めない現状、Ｗｅｂブランディングを取り入れることによる「早い者勝ち」感は、私は結構な確度であると思っています。ブランディングは、一度価値を理解されたら比較されずに選んでもらえるからです。目まぐるしく更新されていく情報に目移りせざるを得ない飽和時代のこのタイミングで、ＷｅｂブランディングのためのＷｅｂサイト刷新は経営計画に積極的に取り入れていくべきです。

Webサイト制作をどこに頼めばいいのか

Ｗｅｂブランディングの重要性を感じたのなら、今すぐ動き出す必要があります。サイト訪問者にブランドを感じ取ってもらえる、芯の通ったＷｅｂサイトの制作計画に着手するのです。ブランディングを意識したサイト制作となると、その道の専門家の知識や技術は不可欠です。とはいえインターネットで検索をしてみると分かるように、Ｗｅｂサイト制作業務を担う会社は日本国内でも何千何万社と存在します。しかもその名乗り方も、Ｗｅｂサイト制作会社だったり、Ｗｅｂデザイン会社だったりとさまざまであり、ブランディングまで面倒を見てくれる会社なのかは不明瞭です。実際に制作会社に問い合わせて、御社ではブランディングも意識したＷｅｂサイトを制作してくれますか、と問い掛けたなら、多くができますと答えると思います。しかしその実、ブランディングとマーケティングの違いもよく分かっていない会社も多いのですが、それを事前に発注サイドが感知するのはおそらく不可能です。

実際にブランドづくりを仕事にしている私自身が感じているところとして、ブランド力のあるＷｅｂサイトを制作している会社というのは多くありません。全体の1割にも満たないかと思います。つまりＷｅｂブランディングを適切に提供してくれるクリエイティブチームと偶然巡り合う確率は低いといえます。なかにはブランド戦略には長けているけれど、実際の制作は完全に外注するというブランディング企業もあります。しかしそうすると開発チームと、制作チームが別になってしまい、制作物にブランドをうまく落とし込めないという状況も出てきます。またコンサルティングファームにブランディング戦略を依頼して、ブランドが明確化されたら自分たちでＷｅｂサイト制作会社を探す、という手順もあり得ます。その場合、Ｗｅｂサイト制作だけを担う会社に依頼すればいいわけですが、それでもブランドをＷｅｂサイトに最適化して落とし込んでくれる制作会社と出会うのも容易ではありません。

結局、Ｗｅｂサイト制作をどこに頼めばいいかという問題は、Ｗｅｂ制作に明るくない発注サイドの頭を終始悩ますことになります。戦略から制作まで一貫したブランディング企業を見分けるのは本当に難しいのです。

クリエイティブパートナーの並走が大事になる

いずれにしろ大事なことは優秀なクリエイティブ人材を抱えているところと出会うことです。これがＷｅｂブランディングで成功するためのポイントです。

ブランディングに悩んでいる企業が抱えている問題の根幹はなにかといえば、ビジネスを俯瞰的にとらえ、強いブランドをつくれるクリエイティブな人材に欠けている点に尽きます。ブランドを発掘するのも言語化するのもクリエイティブな視点が不可欠ですし、それを理想の形で視覚化するのにもクリエイターが必要です。

せっかく時間も空間も自由で制限のないＷｅｂなのですから、自由な発想力をもってクリエイティブな施策を提案してくれるブランディング企業と知り合いたいところです。心に響くメッセージを編んでくれるコピーライターや心を揺さぶるデザインを生み出すデザイナー、積み重ねられた経験知と洗練された技術力でテクニカル面をサポートしてくれるエンジニア、すべての要素を統括するクリエイティブディレクター的な立場の人材も、Ｗｅｂブランディングの成功には欠かせません。

　このような「クリエイティブの総合力が高いチーム」に制作を依頼するべきです。コンサルティングファームに依頼するとしても、クリエイティブパートナーとのつながりがあり、最初から最後まで、しっかりと並走してくれるところとタッグを組むべきです。ひとしきり戦略面のみ面倒を見て実制作についてはノータッチ、というスタイルのコンサルティングファームに依頼したら、結局は自分たちでクリエイティブパートナーを見つける必要があり二度手間です。

　いずれにしろクリエイティブパートナーとの出会い方が重要なのですが、その具体的な選別手順は第４章で明らかにするとして、まず始めに自分達はどんなクリエイティブチームを必要としているかを知っておくことが重要です。

Web制作依頼で起こりがちな「和食だと思ったらイタリアン」

クリエイティブな人材が必要なのであれば、Ｗｅｂデザイナーのいる会社に頼めばいいのではないかと考えている発注企業も多いようですが、必ずしもデザイナーがクリエイティブな人材とは限りません。Ｗｅｂデザイナーという肩書きでも、実際はデザインオペレーターのような場合もあります。つまり、上手にレイアウトをできる人であり、どちらかというとロジカルな業務に携わる人が該当します。

クリエイティブな人材がたくさん在籍していると思って制作を依頼したら、実は教科書どおりのデザインオペレーター的なデザイナーがいる会社だったとか、高い視座でブランドを強化しＷｅｂサイトに展開してくれるパートナーを所望していたのに、出来上がったのは世にいくらでも存在しそうなＷｅｂサイトだった、というケースは頻繁に見聞きします。和食だと思って入ったらイタリアンの店だった、といったあり得ない事態がＷｅｂ業界ではごくごく当たり前のように起きているのです。

Ｗｅｂブランディングやｗｅｂサイト制作の価格相場はあってないようなものになっているのが実態です。なぜかといえばＷｅｂサイトをつくる、というプロセスの中に何を求めるのかによっても費用は大きく変わってくるからです。制作会社のサイトに書かれている事業内容や料金を見てもいまいちピンときませんから、まずは気になる数社に見積もりを取る発注企業が大多数です。しかしそもそも、見積もりを取って比較検討する候補を間違えているケースも多いように感じます。これが発端で発注サイドと制作サイドとの間でのミスマッチを生み出し、和食だと思ったらイタリアンだったといったような現象を招いています。

私の会社へ見積もり依頼があった際にもこのようなケースがありました。

発注者は他社にも依頼を出したのですが、一桁くらい金額に差があると困惑しているのです。私たちの出した見積もりが、他社の見積もりの10倍以上の額だったのです。その会社のサイトをのぞいてみると、既存のテンプレートデザインを使ってＷｅｂサイトを制作し、コピーライティングや中身は発注主が用意するというタイプの制作会社でした。

私の会社はクライアントのクリエイティブパートナーとして、ブランドの確立からブランディング、そしてＷｅｂサイト制作までを通しで担います。経営者との対話はもちろんのこと、ブランドの言語化や、ブランディングをどのようにしてＷｅｂサイトに反映させ、訪れた人にどう思わせたいかまでのコントロール設計をしていきます。事業パートナーとして全面的にサポートする分、価格も高いわけです。

一方の会社はＷｅｂサイト制作のみの担当であり、写真素材やサイト内に掲載する原稿も発注サイドで用意するスタイルでした。だからこそ安価での提供ができるのです。

そもそもカバーしている領域が違うわけで、実際の中身としてはまったく別の業態といっても差し支えないくらいの差があります。同列として見積もりを依頼すること自体が間違いだったのです。しかし外から見ればどちらもＷｅｂサイトを制作してくれる会社、発注企業にとってはどこも同じにしか見えていないわけです。

そのため見積額が他社と大きな差があるといった相談を受けた場合は、私の会社とその会社では、最終的に提供する価値が異なるので、当然費用も異なる旨をしっかり説明します。そしてＷｅｂサイト制作だけであればそちらに依頼するのがいいし、ブランディングも視野に入れるのであれば、うちのほうがいいですよと、依頼先を決める基準もアドバイスしています。

とにかく費用の安いところに、という目線だけで依頼をすると、当初期待していたものとは違った制作の流れになることもあるので、ここは注意をしたいところです。期待された表現ができておらず、反響もいまひとつだったので数カ月後にまたリニューアルを行う、なんてことになったら、まさに安物買いの銭失いです。

消費であれば少しでも安く調達するのが当たり前ですが、企業にとってはブランドづくりもＷｅｂサイト制作も、消費ではなく投資です。見積額だけで決めず、自分たちが求めているものを十分に考える必要があります。

違いを表現できていない受注側の責任

ではいったいどこに依頼すればよいのかということがテーマになってきます。

紹介したケースのように、見積額について私たちＷｅｂ業界の人間がしっかり説明すれば発注企業は納得しますし、求めるものをつくってくれるところへ依頼をします。しかし、そもそも同列ではないところへ依頼をするのは、見積もりを出す側にとっても手間となります。これは本当に業界全体の課題だなと痛感するところです。

Ｗｅｂサイト制作だけを請け負うところもあれば、ビジネス課題全体をとらえながらもゼロから1を生み出してくれるクリエイティブチームもあります。これら業務カバー領域がもっと明確に色分けされていればいいのですが、いかんせん皆ＷｅｂデザインＷｅｂ会社やＷｅｂサイト制作会社といった大きな括りで名乗っており具体的な提供価値を示せていないことにより ミスマッチ問題が起きる最大の要因となっているのです。

どの会社も得意分野と不得意分野があって、提供している価値にも違いがあります。発注企業のニーズに合わせて適切にマッチングができればいいのですが、違いを明確化できていないがために、和食と思ったらイタリアンだったという事案が多発し、運が悪いとぼったくり店に当たってしまうようなことが起こり得るのです。

それぞれの企業がカバー領域や得意・不得意分野を明確に伝えられるように工夫できればいいのですが、私たちも含めいいアイデアが浮かばずにもがいています。差別化のため、Ｗｅｂ制作やＷｅｂデザインの肩書きを封印し、クリエイティブエージェンシーだとかブランディングファームだとかデジタルクリエイティブカンパニーだとか、特徴を伝えるためのカタカナ言葉を掲げる会社もあります。

しかし、こういった名乗り方でも発注企業にはピンとこず、どういう会社かよく分からないのでここに依頼するのはやめておこうと、顧客を逃す要因にもなってしまっているのです。そもそもこのようなワードでは検索をかけてくれないので、差別化を狙えている半面、見つけてもらいにくいというジレンマを抱えることになりかねません。だから多くのクリエイティブを得意としている会社も、仕方なくＷｅｂサイト制作会社やＷｅｂデザイン会社を名乗ることにしているわけです。

これについては、私たちも課題により真正面から向き合って、発注企業を遠回りさせることなく、最短で理想の制作会社と知り合える導線を引けるようにしていくべきだと感じています。発注サイドと制作サイドのミスマッチがなくなるような業界整理は必要となっていくと考えられます。

玉石混交、Webクリエイティブ業界の実態

Ｗｅｂ業界の実態により深く迫ります。

Ｗｅｂブランディングには大まかに左脳で考えるＵＩデザインと右脳で導くアートワークがあります。前者は知見の積み重ねにより蓄積されたデザインルールに則って進めることができるため、属人化の傾向が少なく、時間をかけて知識と経験さえ身につければある程度誰にでもできる仕事として確立されています。

一方の後者は担当クリエイターのセンスが存分に発揮されるパートであり、その人にしか表現できないメッセージやデザインが色濃く出ます。極めて属人化された作業なのです。クリエイティブな能力は感覚的な面が強く、体系的に身につけることのできない技術なので、人材の総数が少ない傾向にあります。

したがってＷｅｂ業界の必然的な流れとして、ルールに則ったＵＩデザインを提供価値とした会社が増え続けているのが現況の勢力図です。

その理由としてより実態を明らかにしておくと、使いやすいＵＩデザインは機会損失を減らしてコンバージョン率（目的達成率）を高め、ビジネスを成長させるうえでの根拠ともなりやすいため企業にとっては投資を行いやすいという魅力があります。一方で「センス」や「作家性」という言葉で片付けられがちで、あらゆる要素が数値化しにくいアートワークに対しては、その価値を認めて費用を投下することにためらう企業が多いように思います。

しかしＷｅｂサイト制作の現場がＵＩデザインの定石だけを重視してアートワークという側面を蔑ろにしてしまうと、どれも似たり寄ったりなＷｅｂサイトばかりになってしまうことは想像に難くありません。

ＷｅｂサイトのＵＸで差別化できていなかったら、ブランディングどころの話ではなく、訪問者の心を動かすことも印象に残ることもできないのです。

そこで最近の動きとして活発になっているのが、ロジカルなＵＩデザインのナレッジを集積させている企業と、アートワークに秀でた企業との合併です。

このようにＷｅｂ業界は今、大改革の真っただなかにあるといえます。

シンプルに安く早くを売りにしている会社もあれば、高額であっても投資効果の高いブランディングを提供する会社もあります。とにかく売れるＷｅｂサイトをつくることに集中している会社もあれば、企業や商品の価値を伝えることに軸足をおいたＷｅｂサイトをつくる会社もあり、技術力も費用も、仕事の進め方やスタイルも会社ごとでさまざまです。これからはそれぞれの会社が個性を磨いて特定の分野に注力したり、合併によって総合力を高めたり、業界のプレイヤーたちは大きく変化していくと思います。

情報の非対称性で儲けられた時代は終わった

ちなみに私の会社もクリエイティブ人材を抱えているので、クリエイティブ力を手に入れたい企業からＭ＆Ａの打診はありますが、今のところ合併や吸収の予定はありません。私の考えとしては、ブランディングの第一歩としてまずはＷｅｂブランディングを推奨しているからには、そのパートナーとしてＷｅｂサイト制作をきちんと実行できる我々のような企業を選んでほしいというのがあります。これなら中小企業でも比較的挑戦しやすい費用でＷｅｂブランディングに着手できるからです。

仮に大きなコンサルティングファームに依頼するとなると、投資金額もかなり覚悟のいるものになってきますし、そのような大きな費用を投資できる企業は限られています。逆に言えば、我々のような企業は単にＷｅｂサイトをつくることを目的とするのではなく、きちんとクライアントのビジネス課題に向き合い、ブランディングというとてつもなく大きな責任にコミットしなければなりません。そのためにはブランディングという戦略部分と、実際のＷｅｂクリエイティブという２つの領域において高いレベルで価値を発揮する必要があります。

Ｗｅｂサイト黎明期においては、Ｗｅｂサイトをつくる、という作業自体がブラックボックスだったので制作側と発注主との間に情報の非対称性が存在していました。情報の非対称性というのは、一方が価値のある情報をもっていて、もう一方はその情報をもっていないという状態です。

その価値ある情報（ここでいえばＷｅｂサイト開発スキル）をもっていることによって、制作側はある程度高い対価を得ることができていました。しかし、そんな稼ぎ方のできる時代は終わりました。いろいろな領域で情報の非対称性は解消されつつあり、発注主はビジネスパートナーを選ぶうえで、選択肢が大きく広がったのです。これからはもっと本質的な価値提供をできる企業が勢いを増していくでしょう。

Ｗｅｂブランディングに話を戻すと、我々はＷｅｂというメディアを使ったクリエイティブな専門家でありながら、企業課題にコミットできるビジネス集団としても成立しなければならないということです。そして企業の皆さんも、そういう価値をもった企業をパートナーとして選ぶ選球眼をもたねばならない時代にあるといえます。

第3章

「ロジック×感動」で唯一無二のWebサイトをつくる

UIとアートワークの融合で導き出す真のブランディング

利用者目線の設計「UI／UX」の現在地

Ｗｅｂブランディングの実行に適した依頼先を比較検討していると、各社の特徴や強みの紹介欄に「優れたＵＩデザイン」とか「最高のＵＸを実現」といった表現をよく見掛けると思います。ひとまとめにＵＩ／ＵＸと呼ばれるこの比較的新しい言葉は、Ｗｅｂ業界だけでなくあらゆるビジネス領域で叫ばれるようになっていて、知っている人も多いかと思います。ただＵＩとＵＸの違いがあやふやにされていたり、言葉だけが先行していたりして本質的な意味が薄れてしまっている使われ方も多々あるように私は感じています。

ＵＩ／ＵＸとブランディングは密接な関係をもっています。ひとまずブランディングのことはおいておいて、本章はまずＵＩ／ＵＸの解説からスタートします。ただしＵＩ／ＵＸについてすべて語ろうとしたらそれだけで一冊の本になるくらいのボリュームがあります。詳説はほかの専門書籍や解説サイトに任せるとして、ここでは最低限の説明にとどめます。

まずＵＩとはユーザーインターフェース（User Interface）の頭文字で、ユーザー（利用者）と製品・サービスとの接点を意味しています。非常にシンプルな言葉でいえば、製品・サービスの使いやすさや見やすさということです。当然ですが、ＵＩが上手にデザインされているものほど、ユーザーに好まれます。

例えば現代の生活に欠かせないスマートフォンもＵＩデザインの代表格です。画面上のアイコンやボタンは押しやすい、操作しやすいように設計されています。

またＷｅｂサイトであれば、例えば通販サイトなら商品検索のしやすさや比較のしやすさ、購入までの手順の分かりやすさといったＵＩが売上を左右します。スマホのアプリも操作性の高さや画面の見やすさがダウンロード数や評価の鍵を握っています。

しかしＵＩはなにもこういったＩＴ分野だけに限られた話ではありません。飲食店なら内装やスタッフの制服、言葉遣いや表情、商品そのもののパッケージや使いやすさも、すべて顧客との接点であり、ＵＩなのです。

店内がきれいで、店員のサービスも行き届いていて商品も良ければ、顧客の満足度は上昇

What' s UI Design?

UI デザインは生活のあらゆる場所に存在する

開け方が分からないドア

機能が多すぎて使いにくい家電

機能が分からないボタン

ON なのか OFF なのか分かりにくいスイッチ

し、来てよかった、また来たいと評価が高まります。このように設定されたさまざまなＵＩデザインの結果によって顧客が得られた感情をＵＸといいます。

ＵＸはユーザーエクスペリエンス（User Experience）の略で、直訳すればユーザー（利用者）体験になります。製品やサービスなどＵＩデザインに触れたことで、うれしいとか楽しいとか、あるいは逆につまらないとか悲しいとか、得られた体験価値をひとまとめでＵＸと呼びます。

ＵＩとＵＸの解説を手短にしましたが、これらはあらゆるビジネスで以前から当たり前のように、気を配られてきた概念だったと思います。使い心地なんてどうでもいい、顧客がどう思おうが構わない、なんてスタンスで事業を行ってもうまくいくはずがありません。あらゆるビジネスが当然のように使い心地やその先にある体験をイメージしながら、製品・サービスを提供してきたはずです。おそらく商売という概念が生まれたと同時に、ＵＩ／ＵＸの根源の概念も少なからず存在していたのではないかと考えられます。

改めて言語化するとこうだ、という感じで、２０００年代頃からＵＩ／ＵＸという言葉が取り上げられるようになったに過ぎません。製品・サービスそのものの同質化の影響で、差をつけるならＵＩ／ＵＸだ、という思考が重宝されたためによりいっそうの盛り上がりを見せているともいえます。

これまでもＵＩ／ＵＸは見えない価値としてそこかしこに存在していたものですし、今だけに限定されたムーブメントではなくこれから先もずっと大事にされる概念です。

ＵＩ／ＵＸがセット化される背景

ディズニーランドはほかでは得られない特別で最高の体験をもたらしてくれるテーマパークです。しかし、もしチケットの予約手続きが煩雑だったり、現地へのアクセスが不便だったり案内が充実していなかったら、現地到達前に行く気を失ってしまいます。チケット購入窓口や案内板、スタッフなど、あらゆるＵＩが洗練されているからこそ、特別で最高のＵＸがもたらされるのです。

このようにＵＩあってこそのＵＸであり、２つが常にセットで語られるのは合理的で自然なことです。ＵＩとＵＸは切っても切り離せるものではありません。ＵＩデザインが優れていればいるほどＵＸもより良質になっていく、これは間違いありません。

人間が最も頻繁に触れているメディアであるＷｅｂサイトのＵＩ／ＵＸに注目が集まるのは当然のことで、これを専業とする事業者もここ数年で一気に広まりました。近年ではＵＩ／ＵＸデザイナーの需要が増えていて、Googleなど巨大ＩＴ企業によるＵＩ／ＵＸをテーマにしたスキル育成講座は活況を呈してます。

社内にＩＴ部門はなかったとしても、ＵＩ／ＵＸデザイナーはおいておこう、という企業もあちこちで出始めています。ＵＩ／ＵＸはＩＴに限った話ではありません。例えば家電は、最近は見た目のデザインや機能性よりも使いやすさを前面に押し出す商品も増えてきました。見た目のデザインにこだわるあまりに使い心地が犠牲になっている家電は、顧客のＵＸを損ねてしまいます。機能過多も顧客に使いにくい印象を与え、これも良いＵＸにはつながらないのです。そこでＵＩデザインの優先度を高めて、顧客にすばらしいＵＸを得てもらうことを重視した家電づくりも活発になってきています。

このような経緯から、最適なＵＩ／ＵＸを設計できる人材を社内におくようになってきました。家電にとどまらず、あらゆる製品やサービスづくりで、ＵＩ／ＵＸを重視する動きが出てきています。

これまでも明らかに存在していたＵＩ／ＵＸは、モノ・サービスの飽和状態や同質化の影響もあり、いっそうに存在意義を増していったということです。

「使いやすいだけ」量産型サイトの弱点

ブランド力のあるＷｅｂサイト制作でも、もちろんＵＩ／ＵＸは重要な役割を担います。優れたＵＩデザインが構築できていなければ提供している価値を感じてもらうことはできませんし、総合的なＵＸも低質なものになってしまいます。ＵＩデザインにこだわるのは絶対です。しかし一方で、Ｗｅｂブランディングで良質なＵＸを形成するものは、果たしてＵＩデザインだけなのかというとそれは違います。ＵＩデザインはサイエンスの集大成であり、いわばロジックに従いマニュアルどおりのことをやっていればおのずと使いやすいＷｅｂサイトが出来上がる、というニュアンスを含んでいます。

現代は誰もがスマホで情報を取得しています。右手で操作しているのならいちばん押してほしいボタンは右手の親指が届く場所にないといけないとか、リンクのボタンは間違って隣のボタンを押さないように一定の大きさが必要だとか、人は文字を左から読むからメッセージの配置には正解があるとか、このボタンを押したらこういう画面に変わるだろうという予想がつきやすい設計にするとか、ＵＩデザインには決められた答えが存在しています。

ロジック寄りなＷｅｂサイト制作会社というのも、このＵＩ／ＵＸの最大活用を武器にしています。成功法則に則り、人間の認知工学に裏打ちされた使いやすさを追求して、ビジネスを成長させるというミッションを掲げた制作会社への需要はとても高まっています。

ＵＩデザインは唯一の答えを導き続ける制作作業なのです。これをあえて悪い表現に言い換えるなら、ＵＩデザインだけに絞ってこだわり抜いたＷｅｂサイトは、どれもが同じ答えを求めてデザインされていて、見たことのあるレイアウトばかりになってしまうことを意味しています。

飲食店で注文時にタッチパネルを使い、誰もが使いやすいＵＩデザインで注文を受け、オペレーションを最適化しようとする取り組みがありますが、すべての飲食店にこのような端末は導入されるべきかといえばそうではありません。確かにそのほうが人件費などコストを下げることができるので店側にとってメリットがありますし、注文する側にとっても待たされる不便もなくゆっくりオーダーできるのでメリットが感じられます。互いの効率化のためのＵＩデザインとしては間違っていないのですが、導かれるＵＸというのがどの店舗も一律になってしまう可能性も否定できません。そうなると今度は逆に、人間が注文対応をしてくれる店舗のほうに良質なＵＸを感じる人が増えることも考えられそうです。

　ここがＵＩデザインだけを追求するウイークポイントだと思います。同じ答えに向かっているから、どうしても同質のＵＸしか与えられない製品やサービスが溢れてしまうのです。Ｗｅｂサイト制作の場合であれば、使い勝手はいいけれど心までは動かせていない。印象は損なわないけれど残らない、そんな量産型サイトをつくることになってしまいます。

　競合との差異を見せつけるため、ほかにはない価値を表現し、消費者の支持を得るのがブランディングの本質です。ブランディングの目的を達成して感情を動かすＵＸをもたらすには、適切なＵＩデザインだけでは不十分なのです。必ずしもＵＩデザインだけに振り切るＷｅｂサイト制作が正解とはいえないわけです。

　ＵＩデザイン自体を否定する気はありません。絶対にクリアしなければならないＵＩデザインの基準はあります。しかしあまりにもロジックに偏ってしまうとブランドとの橋渡しが難しくなると思います。せっかく磨き上げたブランドを、正しいからといって画一的なＵＩデザインによって表現するのは、どうしてももったいないとも感じるのです。

UIとアートワークの融合

アートワークがこれからの時代のキーワードである、という文脈で話してはいるものの、私はアートワークに振り切ったデザインが必ずしもブランディングを成功に導くとも思っていません。

ここでようやく本書のコアに迫るわけですが、私が提唱したいのはＵＩとアートワークの融合です。ＵＩデザインとアートワークの二刀流こそが最高の体験価値を与え、成功するＷｅｂブランディングへと導いていくことができます。

ＵＩとアートワークの掛け算が大事であるというのが主題ではありますが、式とするならばこうなります。

最高のＵＸ＝正しいＵＩデザイン×感動させるアートワーク

ＵＩデザインによるデザインロジック部分の最適化と、デザイン性の高いアートワークによる感情を動かすデザイン、それぞれが掛け合わさることによって最高のＷｅｂブランディングとなります。

絶対に勘違いしてはいけないのは、ＵＩデザインとアートワークさえ意識していればブランディングが成功する、なんて簡単な話ではないということです。前提にはブランドの本質部分の抽出、そして言語化があってこそです。

ブランディング戦略がしっかりしているほど、アートワークがよりいっそうの効果を発揮します。逆にいえば、ブランディングがしっかりしていない状態でアートワークに力を入れてしまうと、理由のないかっこよさに終始し、背骨が入ってないサイトが出来上がりＵＸが低いＷｅｂサイトが完成してしまいます。

例えばトリッキーなビジュアル表現や動作をするＷｅｂサイトは、とにかく前衛的でカッコいい印象はあるけれど、何を伝えたいのかよく分からないということになってしまいます。

現在ＵＩデザインの力でＵＸを高め、ビジネスを成長させるというミッションを掲げた企業とアートワークを得意とする企業の合併・買収が活発であり、これもＵＩとアートワークの融合の必要性を物語っています。最高のＷｅｂブランディングを成し遂げ、企業のビジネスを最速で成長させるために、このような融合は避けては通れないということです。

Ｗｅｂサイトとしての機能を最大限に引き出しながら、ビジュアルデザインで心はすごく高揚する、それがＵＩとアートワークの実現するＷｅｂブランディングです。

作家性とチームワークを活かす

Ｗｅｂブランディングにおける ＵＩとアートワークの融合というのは、つまり学問的なＵＩデザインにデザイン性を付加することで良質のブランド体験を提供することであり、感動をもたらすＷｅｂブランディングを実現することである、という成功のコツは一言で言い表すことはできるものの、これを実現するのは容易なことではありません。

ＵＩデザインは答えのある制作ですから、いずれの制作会社に依頼しても経験と知識豊富なスタッフが対応してくれればさほど大きな差はないと思います。しかし、アートワークはつくり手のセンスや技術が大いに問われるわけで、いかに優秀なアートディレクターやデザイナーをもつクリエイティブチームと出会えるか、これがＷｅｂブランディング成功の鍵を握っていることになります。

発注サイドが気をつけておきたいのは次の2点です。

まず一つ目はクリエイティブチームの作家性です。クリエイティブチームの「能力」を見極めないといけません。

アートワークはいわば属人化された仕事です。そのクリエイターにしか再現できないものです。同じブランドの可視化、イメージの表現であっても、クリエイターAとクリエイターBではまったく違うアートワークになります。でもどちらがいいとか悪いとかではなく、きちんとWebサイト訪問者に思惑どおりのイメージを与えることができれば、それはどちらも正解なのです。

発注企業側が最も恐れるべきは、イメージのコントロールをまったく意識できていない、感動のないWebサイトをつくってしまうことです。

だからこそ、クリエイティブ側の作家性についてはよく見ておいて、自社とマッチできるかどうか、発注企業側がイメージしていることを尊重しながら制作を請け負ってくれるかは見極めたいところです。絶対に制作事例の良し悪しだけで決めてはいけません。

また、作家性が反映されるのは、アートワークによって可視化されるWebサイトのデザイン部分にとどまりません。発注側が気づいていない価値を見つけられるとか、その本質的な価値である膨張レベルを的確な言葉で表現できるかなど、これらブランドの根幹づくりもクリエイティブサイドの作家性に委ねられていることを押さえておくべきです。

もう一つ発注企業側が気をつけておきたいのはチームワークです。

いくら作家性に優れていても肌が合わないクリエイティブチームと組めばＷｅｂブランディングは失敗に終わるだけです。制作能力が秀でている場合であったとしても、きちんとコミュニケーションが取れなければ成功に導くことはできません。差別化できる価値の発見と言語化がブランディングのスタート地点であり、ゴール地点はＷｅｂサイトの完成です。最初から最後まで綿密なコンタクトを取っていくことを覚悟することが重要です。

クリエイティブチームは、Ｗｅｂクリエイティブのことは詳しくても発注側の業界のことはまったくの素人です。業界の現状や、市場での発注サイドのポジションなども一緒に考える必要がありますし、発注側からも積極的に伝えていく姿勢は大切になります。またクリエイティブなことはこちらに任せてくれと、一方的な視点だけで制作するようなところに依頼するのは避ける必要があります。逆に発注側だからといってなんでも意見を通そうとするのも正しいやり方ではありません。ブランディングも何もない、感動のないＷｅｂサイトが出来上がってしまうだけです。

一緒に意見を出し合い、お互いを尊重し合い、上下関係のないフラットなチームワークで進めていくことで、Ｗｅｂブランディングは成功します。

第4章

ブランドビジョンを
発注・制作サイドで共有する

その企業にしかない
“感動”を見つける
「魂のコミュニケーション」とは

Webブランディングで成功するための3つのデザイン領域

Ｗｅｂブランディングの成功のために欠かせないこととは、土台となるブランドつまりは差別化できる自社ならではの価値を一緒に見つけ出し、ロジックと感動を両立させたブランド力のあるＷｅｂサイトをつくってくれるクリエイティブチームとの出会いを果たすことです。加えて、発注企業側とクリエイティブ側のチームワークを取り、二人三脚でブランドを発掘しよりすばらしいＷｅｂブランディングを実現していくコミュニケーションが肝心となります。

ここでは私の会社の制作プロセスを紹介しつつ、発注企業側とクリエイティブチームの間でどんなやり取りをすることで、Ｗｅｂブランディングの成功率を高められるのか、その流れやポイントについて説明します。また、発注先の選定方法や費用についても言及していきます。

まず、私の会社では大まかに次のようなデザインの流れで、クライアントと伴走しながらWebブランディングを進めていきます。

戦略のデザイン
情報のデザイン
ビジュアルのデザイン

Webブランディングを進めるうえで最も効率的な内容とプロセスとなっています。また会社によっては、情報のデザイン以降やビジュアルデザインからプロジェクトに参画するなど、事業領域はさまざまであり、プロセスがどの会社でも同じということはありません。

ブランディングの根幹「戦略のデザイン」

戦略のデザインで大切なことは、企業、製品やサービスの本質的な価値の掘り起こし、そしてブランドを言語化していくことです。

価値を届けたい相手がどんな人なのかを明確にし、Ｗｅｂサイトでどのような体験を通して、どう感じてもらい、どういった行動を起こしてほしいのかについて、事前にきちんと設計しておくことが必要です。これはＷｅｂだけにとどまらずブランディング全般で最も大切なこととなります。

戦略のデザインは発注企業側だけでもできることかもしれませんが、会社の独りよがりとなっている可能性は捨てきれません。第三者の客観的な評価は必要であり、この段階からクリエイティブパートナーの伴走は欲しいところです。

私の会社の場合、Ｗｅｂサイトのデザインうんぬんよりもむしろここのデザインこそが肝だと思っているので、言語化できていない本質的な価値を抽出するため、クライアントとかなり密なコミュニケーションを図るようにしています。入念な掘り下げのなかで見えてきた価値を言語化することができたら、それをＷｅｂサイトでどう表現するのか、その戦略設計を慎重に進めています。

また私たちのようなアートワークを得意としている会社に依頼する企業というのは、Ｗｅｂサイトがとにかくかっこよくなることを期待しています。しかしそもそも本当に、かっこよくすることでブランディングが達成できるものなのかについても考えておく必要があります。ターゲットに価値を届けるために、必ずしもアートワークに注力する必要はないのではないかといった視点ももち合わせ、正直に発注サイドと向き合いながらより良いブランディングの最適解を導き出していきます。

この時点でのポイントはイメージをあやふやなままにしないことです。表現しづらいところも必ず言語化して、発注企業とクリエイティブ側の全員が同じイメージを共有し合うことが絶対に大事です。明確にしておくことで、Ｗｅｂサイトを構築していく段階で齟齬《そご》が発生するのを避けられるのはもちろんのことですし、制作後のマーケティング戦略も早い段階から立てやすくなります。

ここの工程は家づくりで例えるならば図面作成や地盤調査、基礎工事に該当します。これらの工程なしでは立派で安全な家は建てられません。戦略のデザインはブランディングの土台となる重要なプロセスです。

目線合わせミーティング

戦略のデザインから次の情報のデザインにかけて、クライアントと初期段階で私の会社が開いているのが表現レベルの目線を合わせるミーティングです。

クリエイティブ側と発注企業側ではそもそも業界が違いますし、もっている知識や普段見ているものも違います。また個々人を見渡しても、生き方はまったく違うし価値観や好きなものも当然違うわけです。つまりそれぞれのもつ視点や感性には多少なりのズレがあります。

初対面の相手と、シックでモダンなデザインにしましょう、と表現コンセプトを共有したとき、自分と相手が頭のなかで描いているイメージは絶対に同じではありません。

というわけで、早い段階で互いの視点や感性のズレを確認し調整します。表現レベルで目線合わせの時間を設けるのです。

具体的には、世に送り出されているさまざまなデザインを見ながら、あるいは方向性として近そうなＷｅｂサイトを見ながら、このデザインは参考になる、これはイメージとは遠いデザインだ、これはトレンドなデザインだけど今回は指標としないほうがいい、といろいろ議論する、緩めのミーティングを設定します。

このような場と時間を設けることで、例えば発注企業がかっこいいと感じているデザインが、前衛的過ぎて参考とするにはリスクが高いものだと判明することがあります。また逆にクリエイティブ側が基点として描いていたデザインイメージが発注企業側の視点ではまったく論外だったことが明らかになることもあります。要するにあとあと起こるかもしれないイメージ齟齬のリスクを、この段階で事前に取り除いておくことができるのです。

目線合わせミーティングはあとあと発生し得る工程の手間をスマートに圧縮してくれます。ＵＩとアートワークを融合させたＷｅｂサイトを形にするためには重要なミーティングであり、お互いの脳をつなぐ準備体操のような存在です。両者がなんでも気軽に話せる緩めのミーティングを、私はかなり大事にしています。

このような場の開催は、デザイン系の会社であれば基本は向こうから実施の提案があると思います。初期のオリエンテーションのなかで自然と目線合わせミーティングの流れに運んでいくクリエイティブ会社もあるかと思います。逆にそういった工程が設けられていないのであれば、ビジュアルデザインは言語化しにくいものなのであとあとに両者間のギャップが明らかになるリスクがあります。発注企業の想像からはかけ離れた、クリエイティブチームのエゴともいえるデザインが上がってくる可能性は否定できません。

目線合わせミーティングは、制作サイドの引き出しの多さを確認できる時間でもあり、発注サイドが進むべき道を指し示してくれる時間でもあります。これから同じ目標に向かって進んでいくパートナーの、コミュニケーション能力と力量を測れる重大なミーティングであるととらえておくことが大切です。

引き算で決めていく「情報のデザイン」

ブランディングの土台が描けたら、続く情報のデザインでは実際にどういった情報（コンテンツ）をＷｅｂサイトに載せていくかを検討する段階に入ります。家づくりでいうところの素材選びに近い工程です。メッセージをどう伝えていくかや、写真やイラストレーションの使用の有無などを決めていきます。戦略のデザインで明確化された材料をもとに、どのような方向性のＷｅｂサイトへと仕上げていくか、そして情報をどのように編集しコンテンツとして伝えるのかを考えることが、情報のデザインです。

発注企業側としてはＷｅｂサイトにできるだけたくさん情報を載せたいという気持ちに駆られがちです。しかし伝えたいことを脈略なく、優先順位もはっきりしないまま詰め込むと、コミュニケーションの解像度が落ちるのでＵＸは低くなり、受け手の印象を損ねてしまいます。そこでクリエイティブチームは本質的な価値や戦略に沿って、情報の圧縮や取捨選択をし、コンテンツに優先順位をつけていきます。

ここは両者間で熱い議論が交わされることも多々あり、まさしく魂のコミュニケーションのような段階といえます。

ターゲットに共感してもらうために必要なことと、必要でないことを仕分けるのが情報のデザインです。ブランディングは引き算である、と肝に銘じておくことが必要です。

Ｗｅｂサイトの中身を確定させ、適切なＵＩデザインを考慮したワイヤーフレームと呼ばれる大まかな設計図が完成したら、情報のデザインは完了となります。

多くの制作会社はこのワイヤーフレームづくりから入ります。これは家で例えるなら建売住宅とかシステム建築のようなものです。外観はすでにほぼ決まっていて、中に入れる家具やちょっとしたオプション工事などを決めることを主業務としています。しかし建売住宅の見慣れた外装だと、受け手の感情をコントロールするほどのクオリティには仕上げることができません。

この例でいえば、私の会社はシステム建築とは対照的に外観も中身もオリジナルである注文住宅を採用しています。どういった外観にするか、受け手にはどういった感動を与えたいのか、あるいはどこの素材や間取りを削るかなど、十分に磨きをかけてから、中に入れる家具や追加の工事を決めたほうが、よりすばらしい家づくりがかなうものです。

ありふれたサイトでは同質群から抜け出すことはできません。伝えたかった価値やメッセージを届けることなどできるわけがないのです。アートワークを得意としているだけではなく、この情報のデザインもしっかり任せられるパートナー会社に出会えることが理想です。

クリエイティブチームの力量が問われる「ビジュアルのデザイン」

ようやく最終段階となると、ここまでつくり上げてきたものを視覚表現へと落とし込んでいくビジュアルデザインです。

ＵＩとアートワークの融合が価値を発揮するのはここからです。ただしアートワークの材料となるものはここまでの過程からできているものなので、ようやくここでつくり手の頭のなかで構築されていたものがアウトプットされる、というだけに過ぎません。戦略のデザインにしろ、情報のデザインにしろ、ビジュアルが置き去りにされることはありません。常に意識され発注企業側にもビジュアルの下書きが共有されながら、ここの段階へと入っていくことになります。したがってここで発注側とクリエイティブ側とのイメージにズレが生じるような、大きな問題が発生することはまずあり得ないはずです。

ここまで双方がチーム意識をもってコミュニケーションを満足に取れていれば、理想のＷｅｂブランディングは達成できます。使いやすく狙った体験を訪問者に提供できるようロジック面はもちろんのこと、デザイナーの作家性を活かした、ブランドを最大限に表現できるＷｅｂサイトで最大限の感動をもたらすＷｅｂサイトが完成します。

クリエイティブ側のセンスや技術が表れやすいのがビジュアルのデザインです。いかにＵＩ／ＵＸが計算し尽くされた優秀なＷｅｂサイトが構築できていても、アートワークに秀でたデザイナーを抱えていなければ、受け手の心に印象を残すＷｅｂサイトにはなりません。発注サイドも、ちょっと思っていたのと違うな、としっくりこない感じが拭えなくなってしまいます。このような事態にならないよう、最初の発注先選びは非常に重要となります。

濃いコミュニケーションが成功を引き寄せる

戦略・情報・ビジュアル、この3つのデザイン工程を経ることが、ロジックと感動でＷｅｂブランディングを成功に導くためには必須です。この流れを数回のミーティングで進めていくこともあれば、1回の提案で終わらせることもあります。これは案件によってさまざまといったところですが、できることなら一つひとつのデザインを、時間をかけてつくっていきたいものです。時間をかけるほど最終的な成果物はより際立った良いものとなり、成功度合いも高まります。

そしてその過程には必ず議論があることが重要です。制作サイドと発注サイドが立場の分け隔てなく腹を割って意見を出し合い、時には火花が散るくらいの摩擦を生むことで、より成功するＷｅｂブランディングを成し得るというものです。徹頭徹尾、魂のコミュニケーションを図っていくことは欠かせません。

ハイブリッドネックファン「Ｎｉｎｏ（ニーノ）」の場合

では、実際に私が制作に携わった商品を例にして、戦略のデザイン、情報のデザイン、ビジュアルのデザイン、それぞれの段階での発注サイドと制作サイド間のやり取りをより鮮明にし、Ｗｅｂブランディングでの各デザインの重要性を明確にしていきます。

対象となるプロダクトはKiralaの「Ｎｉｎｏ（ニーノ）」です。首回りを冷却する、首かけ式のネックファン（小型扇風機）ですが、いわゆるハンディタイプの扇風機は安いものであれば２０００円程度でそれなりものが買えます。対するＮｉｎｏは約１万円と、かなり高価なものです。ほかにはない機能を説明して、高機能なので１万円です、と理路整然と伝えてもなかなか消費者の感情を動かすまでにはなりそうにありません。

しかし、ネックファンでここまで高機能であり、かつファッション性が高いと、これまでのハンディタイプの扇風機に満足していなかった層が必ず買ってくれるだろうという判断がありました。安価なハンディタイプの扇風機はあくまでカバンの中に入れていて、暑い時に手に持って使うなど、基本的に「常に身につけている」というものではなく、売り場でも「雑貨」として扱われている場合が多く見受けられました。

Ｎｉｎｏのプロダクトデザインであれば、ストリートでもオフィス街でも、さまざまなシーンになじむことができます。つまり、夏に活躍する首回りの冷却という点だけでなく、ファッションアイテムとしても優れている点をアピールすることが幹となります。より具体的に言えば、プロダクトを装着したままどこにでも行けるのがＮｉｎｏの価値であるといえます。これならファッションブランドと同じように、価格にも納得して購入してもらえる商品訴求ができるわけです。

ここまでが戦略のデザインです。改めてまとめて言語化しておくとこのようになります。

【差別化できる価値（＝ブランド）】

・ファッション性 × 高機能

【価値を届ける（＝ブランディングする）相手】

・これまでのハンディタイプ扇風機に満足していなかった、感度の高い層

【Ｗｅｂサイトを通じて与えたいＵＸ】

・「ハイブリッドネックファン」という新しい製品カテゴリの誕生
・これまでになかった、あらゆるシーンに対応するファッション性
・ネックファンという機能的な提供ベネフィット

　このように言語化しておくのがスタートラインです。こちらもクライアントも、まだおぼろげではあるもののなんとなく目指すべきＷｅｂサイトのデザインが明らかになってきます。この工程を双方で共有するのとしないのとでは、あとあとのコミュニケーションに大きな差が出てくるので、非常に大切にしたいプロセスです。

核となるメッセージは「風を着こなそう」

価値を届けたい相手に、きちんと価値を理解してもらえるＷｅｂサイトを作成するために欠かせないのが、情報のデザインです。表現レベルの目線合わせミーティングも実施し、こちらとクライアントの感覚をより近しくし、目指す形の輪郭をよりはっきり固めていきました。

風とスタイリッシュ、Ｎｉｎｏが提供する本質的な価値を言語化、ビジュアル化するためのインプットとなる色のイメージや透明感、清涼感、ファッションブランドのようなラグジュアリー感とストリート感、リファレンスとなるイメージをどんどんクライアントにもインプットして方向性を絞っていきます。

そんな緩いミーティングを経て見えてきたのが、ファッションスナップのようなストリート感のあるビジュアルでした。加えて、従来のネックファンのイメージを払拭するため、プロダクトカテゴリをハイブリッドネックファンと再定義しました。これはキャンプと一口にいわれていたものをグランピングと細分化して新しい市場をつくるといったような考え方と同じで、製品カテゴリのリフレーミングとして生み出された言葉です。Ｙｅｓ or Ｎｏの堅苦しい会議ではなく、アイデアのキャッチボールができるフランクかつ真剣なミーティングを通じて、このような輪郭が固まっていきます。

　核となるメッセージについては、プロダクトをどこにでも持ち歩けることとそのスタイリッシュさから、風を持ち歩く、風もファッションの一部なのだ、という思考へと展開し、先に書いたように「風を着こなそう」というキャッチコピーを生み出すことができました。

　そのほか、Ｗｅｂサイトを通じて伝えるコンテンツの取捨もしなければなりません。機能をできるだけ表現したい気持ちが先行しますが、それがかえってプロダクトの価値をあいまいにしてしまいます。解像度の低いコミュニケーションになっては本末転倒です。例えばあらゆるシーンで使えるようにカラーバリエーションが豊富である点や、人間工学に基づいて設計されていて装着時のフィット感が抜群といった点は、ファッション視点で見るターゲットにとっては価値となる材料なので優先的に訴求します。また、脱臭機能はスポーツシーンにおいて大きな価値となるので、装着した状態でアクティビティを行うシーンのビジュアルも必要です。

一方で、送風レベルが何段階になっているかとか、軽さ、送風エリアや安全機構など、期待値レベルにあたる情報はサブ情報として優先度を低くすることになります。Ｎｉｎｏの価値は「雑貨」としてとらえられていたハンディ扇風機の上位互換ではなく、ファッションアイテムとしてネックファンの機能を提供すること。

あくまで重要なのは、膨張レベルを一番の価値として伝えながら、買い手の期待値レベルも十分に満たしており、購入する価値があると理解してもらうために情報の優先順位を設定することです。

「これが欲しい！」を実現するWebサイト

Ｗｅｂサイトの方向性、メッセージ、そしてコンテンツの内容が見えてきたら、いよいよビジュアルのデザインに入ります。ここからは決められたものを視覚表現にしていくだけなのですが、この「だけ」の部分が最もクリエイティブ側、特にアートディレクターの力量が問われてくることになります。

ブランドのイメージである「風を着こなそう」に合致した表現を検討していくことになりますが、目的は新しい製品カテゴリの登場感とファッション性で、「欲しい」と思わせることです。

ＵＩデザインに関しては、とにかく操作性に留意し、購買ターゲットの特徴を鑑みて文字量を極力減らし、ビジュアルで視覚的に理解できるようにしています。読み込まなくても感

Ninoイメージビジュアル

じることができるＷｅｂサイト、と言えるかもしれません。

このプロダクトはハンディタイプの扇風機という既存の市場ではなく、ハイブリッドネックファンという新しいカテゴリをつくり出してその先駆者として登場しています。それを適切に表現することで、ターゲットに「欲しい」と感じさせる結果をもたらしました。

発注先へ投げ掛けたい質問

このような魂の入ったコミュニケーションを図っていくことがＷｅｂブランディングで成功するためには必須となるのですが、数多あるクリエイティブ企業のなかから、ブランディング含めて制作に最後まで携わってくれるパートナーを見つけ出すことは至難の業ともいえます。

まずはいくつかクリエイティブ企業のサイトを見て、良さそうだと思うところに連絡を取り、見積もり前の最初のミーティングを各社設けることになるはずです。この初期段階でクリエイティブチームへ投げ掛けておきたい質問をまとめることをお勧めします。これはブランディングに確かな腕と自信をもっているクリエイティブ企業側の視点に置き換えたら、こういうことを尋ねてほしいリストでもあります。より精度の高い交流、魂のやり取りでＷｅｂブランディングを成功させるためにも重要な質問なのです。

【質問1】経営者のキャリアや会社の成り立ちを聞いてみる

発注候補企業の経歴や背景を知るための質問です。システム開発から始まった会社なのか、デザイン会社から始まった会社なのか、またビジネス課題を理解して伴走してくれる会社なのか、それとも制作だけを担当するのか、カバーできる大まかな業務領域も聞いたほうが良いです。単純な営業力だけで勝負していてシステムにもデザインにも強くないといった会社もあるので、経営者や会社の経歴を把握しておくことは重要です。サーバー運用が主事業で、副次的な事業の柱としてサイト制作を請け負っている、という会社も存在します。できれば戦略から制作までトータルで支援してくれる会社を見つけることがポイントです。頼もしいクリエイティブパートナーとなってくれるクリエイティブチームと出会うことが、Ｗｅｂブランディング成功のうえでは不可欠だからです。

会社のホームページを見れば分かることなのではないか、と思うかもしれませんが、クリエイティブ企業のＷｅｂサイトを眺めてみてもなにが強いのか分からないところがほとんどです。当たり前の話ですが、どの会社も不得意なことはわざわざ書いたりしません。

単にＷｅｂサイト制作だけでなく課題発掘やブランド強化の視点で共創してくれるのか、という質問を投げ掛けたとしても、あいまいな回答が返ってくる可能性もあります。それならばこれまでのキャリアを尋ねるに限るのです。

発注企業とクリエイティブ企業との間でミスマッチが起きないように、この質問で第一の精査をしていきましょう。ブランド戦略から寄り添ってくれるパートナーと出会いたいのであれば、制作だけの会社は選定リストから速やかに外すことができます。制作費を安く抑えたいのであれば制作だけを担う会社に依頼するのも手段の一つですが、最大効果のWebブランディングを成し得るうえでは、ブランディングに強いパートナーとの深い絆づくりは欠かせません。

【質問2】自分たちのビジネス課題について考えを聞いてみる

「商品価値を最大限に伝えられるサイトにしたい」、「企業イメージを一新するサイトをつくりたい」、「売り込み方が分からない」、「提供価値が明確になっていない」、「こんなブランドを考えているがどう思うか」、「潜在的なニーズに届ける方法が知りたい」など、発注企業側はなにかしらの課題や要望を抱えて外部へWebサイト制作を依頼します。それらを伝えたうえで、課題解決の良案や参考になりそうな事例があるかを尋ねてみます。

要するにクライアント側の領域にどれだけ踏み込んでくれて、リサーチしてくれて、考えてくれるのか、その向き合う姿勢を推し量る材料になる質問です。パッとすぐに参考になりそうな事例を挙げてくれたり、一般論に走らず独自の視点で話をしてくれたりするか、というところが評価の分かれ目になります。発注企業側が想定していなかった、ハッとするようなアドバイスを初期段階から投げ返してくれたら、その会社は必要なパートナーかもしれません。

【質問3】最近の表現トレンドを聞いてみる

ビジュアルデザインに対する造詣の深さを感じることができる質問をすることで、クリエイティブ側のレベルが分かります。日々の制作業務に追われるだけでなく、きちんと外部の情報にもアンテナを張っているのか、ロジック面にしろ、クリエイティブ面にしろ、日頃からあらゆるデザインをキャッチしているのか、情報収集量やセンスを見極めることができます。

この質問に対する反応が鈍いと、ビジュアルデザインにおいてはあまり期待できないかもしれません。ありきたりな成果物しか出せない会社の可能性が高いです。

我々の場合は日頃から表現レベルの目線合わせミーティング用にビジュアルソースを収集

していて、表現トレンドをいつでもクライアントに伝えられるよう準備を整えています。最近のデザインについてああでもないこうでもないとレビューし合う時間がなによりも楽しいですし、互いの脳内イメージがつながって、つくるべきものがより明確にできるので重要な工程だととらえています。だから質問されなくてもこちらから、表現トレンドについては話を振るようにしています。

【質問４】自分が良いと思っているデザインについて意見を聞いてみる

事前に他社の事例などで感覚的にいいなと思ったものを控えておき、クリエイティブ側に提示して意見を求めてみます。

頭ごなしに否定せず、ブランディング目的をよく考えてみてそのデザインが適切かどうか意見をくれる、そのデザインのどういうところを良いと思ったのか逆に質問をしてくれる、あるいは普遍的に正しいＵＩデザイン観点からのレビューや、判断ポイントをその場で示してくれる、などそういった反応をしてくれたら、経験豊富で期待できるクリエイティブチームです。

私の場合、これも目線合わせミーティングの名目で、良いと思っているデザインがあったりしますか、とこちらからクライアント企業に尋ねてみることがあります。その感覚に寄り添うためではなく、あくまで中立的な立場を貫き、今回のケースに当てはめるべきかどうかを冷静に判断し意見します。

【質問５】プロジェクト進行の手順を聞いてみる

Ｗｅｂブランディングを成功させるうえで、クリエイティブ側も市場の調査や潜在的なニーズの発掘など、さまざまな下調べが必要になります。それら必要な手順をすべて飛ばして、いきなり制作に入ります、みたいなスタンスの企業は注意が必要です。これは地盤調査も基礎づくりもしないで家を建てるようなものです。これでは土台がグラグラですぐに崩れてしまう、もろいＷｅｂブランディングになってしまいます。

我々の場合は、戦略、情報、ビジュアル、３つのデザインで手順を説明しましたが、そのような流れに近い手順を提示してくれているのであれば、その相手は信頼がおけます。

戦略とアートワーク部分は特に強い背骨が入っていないといけません。背骨がないとペラペラな成果物になるだけです。互いが納得した戦略づくりのもとで、制作がスタートできるところに依頼することが重要です。

【質問6】会社の個性や大事にしていることを聞いてみる

質問1と似たような類いの質問ですが、より核心をつくのが狙いです。発注候補の企業がどういった個性をもっていて、どんなことを大事にして制作に携わっているのか、志やビジョンに近いものを直接口頭で聞き出します。この質問で会社の本当の強みの部分が引き出せるでしょうし、逆に弱みにしているところも見えてきます。

仕事をするうえで大事にしていることはなんですか、とクライアントに尋ねられたら、私は正直に（クライアントを）儲けさせることだと答えます。また、少人数で運営している会社なので、ボリュームを要求される企業サイト作成のような案件は対応できません、と正直に弱みも伝えています。単純なマンパワーの理由からです。

なにしろＷｅｂブランディングは、発注サイドと制作サイドが魂でやり取りできるレベルにまで昇華させないと期待以上の成果は出せません。基本的なクリエイティブ能力は大前提として、最初から最後まで伴走してくれる頼もしいパートナーになってくれるのか、それを見極めるための質問が以上の6つとなっています。依頼先を選定する段階で投げ掛けてみると、企業ごとにいろいろな回答が返ってくると思います。

また、クリエイティブチームの人数や各人の役割も聞いてみると良いでしょう。社内のメンバーだけで完結するのか、外部にも委託してチーム編成するのか、エンジニアやデザイナー、ディレクターなど、どういった肩書きのメンバーがいてどの制作パートを担うのか、知りたいところはガンガン聞いておくといいと思います。発注企業の質問に誠心誠意答えてくれる、そんなチームと共創すべきだと思いますので、その見極め材料のために、気兼ねなくいろいろな質問をしてみると良いと思います。

ブランド価値の解像度を高める

Ｗｅｂブランディングの成功に大きく関わるのがブランドの言語化です。やや抽象的な表現になりますが、言語化されて明確になった価値がより際立っていればいるほど、Ｗｅｂサイトを通じて届けられるブランドの解像度が上がります。Ｗｅｂブランディングにとどまらずブランディング活動のすべてでこの戦略のデザインに含まれるプロセスが最重要であり、念を押すようですが、クリエイティブ側とクライアントとの密度の濃いコミュニケーションは欠かせません。

私もクライアントのクリエイティブパートナーとして一緒に走っていくうえでは、ブランドの価値とそれを伝えるメッセージの解像度をどれだけ高められるかを第一の重大な任務としています。

ビジュアルのデザインはアートディレクターの力量に委ねるところが大きいですが、戦略のデザインや情報のデザインは頻繁なクライアントとの議論が必要です。積極的に意見を出していくべきですし、クリエイティブチームからもよりメッセージの解像度を高められる質問や提案ができるような関係構築が理想となります。

Ｎｉｎｏの例でいえば、「風を着こなそう」というメッセージを生み出すため、プロダクトのもつ根本的な価値についてさまざまなベクトルで思考しています。クライアントが求めているデザインイメージやプロダクトのもつ本質的な価値を満足に引き出せていなかったら、この高解像度のメッセージは決して出てくることはありませんでした。

クリエイティブチームになにを伝えていけばいいのか分からない、自社や自社商品のどこにブランドがあるのか分からない、と悩む必要はありません。これまで説明した一般製品レベル、期待値レベル、膨張レベル部分をまとめておくだけでも、ブランド言語化の重要な資料となります。加えて、経営者の想いや創業の精神、企業理念、経営方針、組織の根底にあるＤＮＡやクレド、事業領域の市場の現状や、その市場での自社のポジションなど、伝えられるものはなんでも伝えていけることが望ましいです。これら材料を元手に、クライアントとクリエイティブチームが一丸となって価値を磨き上げていくことになります。

このようなブランドの価値とメッセージの解像度を高める作業というのは、イメージとしては彫刻に近いかと思います。会社であれば会社、商品であれば商品の余計なぜい肉部分を削ぎ落としていって、本質をよりはっきりさせていく感じです。

この作業をなおざりにして、輪郭がぼやけたままで次のデザインへ進んでいくとどこかで必ずつまずきます。どの企業や商品でも使えそうな言葉とともにありふれた写真やイラストが添えられているだけの、相手の心になんの印象も残せない、薄いＷｅｂサイトになってしまいます。

チーム全員の向いている方向や抱いているイメージが等しくなるよう、ブランドがもつ価値の解像度を高める作業は念入りに進めることが大事です。もし双方間でイメージ差があると感じることがあったら、速やかに話し合いの場を設け、ブランド価値の解像度が高められているのか、互いのイメージに間違いはないのか、チューニングをしていく必要があります。

メッセージ生成にこだわった成功事例

ブランドの価値が明確になってさえいれば、それを伝えるメッセージの解像度を高めることだけに一点集中し成功を収めたＷｅｂブランディングもあります。私の会社で経験した実例です。

クライアントはビデオマッチングです。企業ビジョンを言語化し、Ｗｅｂサイトでビジュアル化するというのがミッションでした。より具体的にいうと、スタートアップ企業ということもあり投資効果を最大にするため企業スローガン／ステートメントと1枚の写真にすべてをこめる、という戦略を立てて進めていったのです。

経営における社長の想いについて、時間をかけて聴きました。いったいこの企業はなんのために立ち上がろうとしているのか、いわゆる企業パーパスにあたる部分ですが、特にスタートアップ企業のブランディング支援はそこをクリアにすることから始まります。ビデオマッチング社は現在、映像配信など映像を通じて広く企業のビジネスをサポートしている企業ですが、当時の主力サービスは動画を通じて採用活動の支援をする会社で、企業と就活生との間にミスマッチが起きないよう、動画プラットフォームで理想的な採用活動を促進するサービスを手掛けていました。つまり、企業と学生との間に横たわるミスマッチを排除することで、より多くの学生たちが本当に自分を必要としてくれる場所にめぐり合うこと、それがどんなに幸せですばらしいことか、それを黒子となって支えてくれることがビデオマッチングの提供する価値の本質になります。

さらに掘り下げて、なぜ仕事を通して喜びや生きがいを感じることができるのか、という問い掛けもしました。

単に待遇だけを求めるのなら、楽しく生きることはできる、しかし、自分を必要としてくれる場所で働くということは、楽しさの次元を超えて「嬉しい」。そんな感情で表現できるはずだ、そんな思考から生まれたメッセージが「嬉しく、生きる。」でした。自分の働きを認めてくれる場所があるからこそ嬉しい。人々の生活を楽しくするのではなく、もっと高い視座で「嬉しく生きてもらう」という価値を提供するのがビデオマッチング社である、というメッセージを企業スローガンとして集約したのです。

この企業スローガンと数行のステートメント、そして1枚の写真だけにすべてを込めよう

株式会社ビデオマッチング企業サイト
（https://video-matching.com/corporate/）

と考え、私が最も信頼する写真家の一人である本浪隆弘氏に依頼し、「嬉しく、生きる。」という企業スローガンにふさわしいビジュアル開発を行いました。

これは社内外にポジティブな影響をもたらし、スタートアップ企業だったクライアントの経営を軌道に乗せる体質づくりの礎とすることができたのです。

存在はしているものの言語化できていなかった企業ミッションとバリューを言語化してビジュアルに展開する、これがすべてです。まさに本章のタイトルどおり、魂のコミュニケーションがあったからこその成功Ｗｅｂブランディングでした。

「なぜ」の問い掛け

この事例を通してなにがいいたかったのかといえば、メッセージの解像度を高めるためのコツは、「なぜ」の問い掛けをすることだということです。なぜこの会社はあるのか、なぜこの商品を売るのか、商品を買った人にどうなってほしいのか、なぜそうなってほしいか、このような問い掛けの連続が、ブランディングで伝えたいメッセージをより先鋭化させることにつながります。

老舗企業だと、経営者も代替わりして創業メンバーも退き、創業時のミッション、ビジョン、バリューが薄れてきている場合もあり、時には時代に合わなくなっている場合もあります。私自身としては、こういった状況をきちんと理解したうえで、議論を続けていき、その企業やプロダクト・サービスが内包する本質的な価値が削り出されてブランドの核になったり消費者へのメッセージになったりすると思っています。

一方で、単に売れそうだし儲かると思うから売っている、という答えも私は正解だと思っています。勝機を感じて商売しているというのは、言い換えればセンスをもち商売を続けてきている証拠です。時代の潮目を読んで利益を出しているのであれば経済にも十分に貢献できています。

しかし、儲かるからやっているという経営者であっても意外に胸の内には熱い、ブランドになり得る志を秘めているものです。儲かるからと答えた、ある経営者に美容系の商品をたくさん扱っているのはなぜなのかと尋ねたところ、実はひとりでも多くの女性を美しくすることで、彼女たちに自信をもってもらいたい、というアツい気持ちを引き出すことができました。これもブランディングの重要な土台となってきますし、Ｗｅｂサイトの方向性もより明確化されていくものです。

単に時代の潮目を読んで利益を出すということが決して悪いことではありません。しかし、強いブランドであればあるほど、その土台になっている志は強く、少々の困難で倒れることはありません。そのためにも社内外のステークホルダーに何を伝えていくべきなのか、クリエイティブパートナーとの共有は非常に重要で、発注企業内で自問自答をしていくことも大切にするのが重要です。

等身大でぶっちゃける意義

メッセージの解像度を高めていくにあたっては、背伸びをしてはいけません。逆に卑下するようなこともあってはいけません。等身大をクリエイティブチームに伝え、Ｗｅｂブランディングを成功させていくことが大切です。

同じ目標をもったチームなのだから、ぶっちゃけられる間柄がベストです。むしろ、これなしでは心に強い印象を残すＷｅｂブランディングにはなりません。

言いにくいことも言い合える関係が良く、自社や自社商品の短所も見せていくことが重要です。短所だと思っていた部分が実は価値に転換できることもあり、人間と同じでむしろ短所があったほうが愛される場合もあるのは事実です。

ブランディングというとかっこつけるもの、いいところばかり見せるものととらえる人もいるようですが、私のなかでの定義は違います。ブランディングは理解者を得るためのものなのですから、いいところも悪いところも含めてすべてをさらけ出すことで、見た人の心に響き、理解者をつくり、ファンを生み出す一因にもなるわけです。

例えば採用ブランディングにあたって、企業の売上が低迷気味なのであればそのままの事実をクリエイティブ側に伝え、なぜ売上が低迷しているのかと考えると、商品力はあるが人材の確保ができていないために受注が増やせないという悩みがある、それならば、いいものをつくっているけれど人手が足りず困っていることを、Ｗｅｂブランディングで過不足なく求職者にきちんと伝えるべきです。そのほうが共感を集められ、理解者が増え、本当に必要な人材の獲得につながっていきます。もし商品力そのものが弱まっているのであれば、これまで培ってきた技術や経験を活かした新しいアイデアを考えてくれる、そんな人材を募集するような採用ブランディングを実施していけばいいことになります。

商品サイトについても同様です。価格が高いのであればどういう価値に裏打ちされた価格なのか、その理由を説明すべきであり、産地にこだわっているのか、手づくりなのか、とにかくそういった理由さえデザインされていれば、理解者は絶対に出てくるので、ブランディングを成功させることができます。

Ｗｅｂサイトは多くの人々とコミュニケーションが取れるメディアですが、一方でＷｅｂサイトは無数に存在しています。そこに訪問してくれた相手は貴重な時間を使って、なんらかの意図をもって訪問しているのです。その意味では手紙のような親密さで迎えるべきだと考えています。だからＷｅｂブランディングを考えるうえでは余計に、一対一のコミュニケーションを想定して、しっかりとしたメッセージで真摯に語りかけるのが礼儀ではないでしょうか。

またＷｅｂサイト制作途中に気をつけておきたいことは、原点を見失ってはいけないということです。ブランディングをなぜするのかというと、競合との差別化を図るためです。つまり、これまで周囲が自社、あるいは商品に抱いていたイメージをより強固にする、あるいは別のイメージに塗り替えることにブランディングの意義があります。

もっと平たくいってしまえばどう思われたいか、ブランディングの究極はこれに尽きます。ところが途中の段階でその原点を忘れてしまい、不必要な前衛的デザインや表現、あるいは一発芸的なコミュニケーションなどを用い、注目を集めたいという部分に固執してしまうことがあります。挙句には本来のイメージ刷新の目的を見失い、間違った方向に着地するＷｅｂサイトが出来上がってしまうのです。これは発注サイドだけでなく制作サイドもはまりやすい制作段階での罠なので、互いに十分な配慮が必要です。

ブランディングと、注目を集めるための施策は似て非なるものなのです。

コストを理解する

Ｗｅｂサイト制作にあたって、気になるのはコストです。戦略のデザインからビジュアルのデザインまで一貫して並走してもらう場合は、トータルでいくらかかるのか、先に結論をいってしまうと、内容によりけりであり、一律ではありません。

ブランディングに関わるということは、考える作業とつくる作業に大きく分かれることになります。よって見積もりに考える作業が計上されていない場合は、当然含まれていないということになります。費用の安さに惹かれてそのような見積もりを出す企業に依頼したところ、考える作業はあくまで発注側で、つくる作業のみ手掛けるといったスタンスの相手を引いてしまったら、発注した企業の想いが十分に表現されていないＷｅｂサイトになってしまうと思います。Ｗｅｂブランディングで確実な成功を得るなら、考える作業から並走してくれ、その分もきちんと見積もりに盛り込まれているパートナーとの出会いを推奨します。

私の会社の場合を例として取り上げておきます。私の会社の見積もりは、ストラテジー、クリエイティブ、プロダクションの３つに分かれています。これはＷｅｂサイト制作の流れとほぼ対応していて、ストラテジーは戦略のデザインに該当し、クライアントから丁寧なヒアリングをしてゴール設定や競合分析など、ブランディングの根幹部分の戦略策定コストを計上しています。クリエイティブは主に情報のデザインで、具体的にどんなメッセージを、どんな表現方法を用いて相手に伝えていくか、という最もクリエイティブ脳を使うところです。これらは考える作業に該当します。最後のプロダクションは実際にＷｅｂサイトとして開発する作業工程です。ＵＩデザインやアニメーションやライティングなどのコストはここに含まれています。撮影や映像制作、取材などプロジェクトによって発生するものは別途見積もりを作成しています。

制作会社によっては例えばデザイン制作費といった名目で、プロダクションの部分しか見ていない見積もりを出すところもあります。ただだからといってつくるだけでなく考えることも十分にやってくれる、ブランディングを大事にしてくれる会社もあるわけで、この見積もり内容の大きな差異が、相見積もりを取る発注企業の悩みどころだと思います。

要するに見積もりのつくり方は会社ごとでバラバラだということであり、どういうプロセスが含まれているのか、分からなければ気兼ねなく聞くことが大切です。建築見積もりのようにおおむね一元化されていて比較しやすいようにはなっていません。サイト1ページあたりいくらという見積もりを出すところもあれば、実際に動くスタッフの工数から割り出すところもあります。

というわけで発注企業が見積もりの際に気をつけるべき点は、ただ制作会社からあがってきた見積金額で判断するのではなく、それぞれの項目内容を詳しく聞き出すことです。同じ項目名なのに他社の見積もりよりもやけに高いところなどがあったら、必ず作業内容を尋ねるようにするべきです。

ざっくりした見積もりしか提出しない会社だったからといって、能力が低いとは限りません。見積もりは大ざっぱだけれど、能力はめちゃくちゃ高い、なんてことも考えられます。口頭だと丁寧に説明してくれることも多いはずなので、不明なところは納得がいくまでとことん質問することがポイントです。

費用の相談について

予算から見ればオーバーしているがどうしても依頼したいクリエイティブチームがある場合、費用の相談も私はあり得ると思っています。

とはいえ単純に値引き要求するということは、相手が提供してくれる価値を価値どおりに評価していないということになります。例えば、１０００万円の機械を５００万円で売って欲しいというみたいなもので、拒絶されて取引が成立しないのは当たり前です。

そのため予算の上限があるのであれば、あらかじめ伝えておくことが必須です。あとで減額交渉をするのはお互いの信頼関係が成り立ちません。

しかし、高い費用をかければかけるほどブランド価値の高いＷｅｂサイトができるのかといえば、必ずしもそうではないのが難しいところです。一本のコピー、一枚の写真にブランドを凝縮し、コンテンツの量や映像など経費のかかるコンテンツ制作を削れば、当然予算にも跳ねます。そのため後出しで値下げ交渉するのではなく最初からプロに相談したほうが賢明です。ブランドが凝縮されたキャッチコピー一本、写真一枚のもつ価値が高められているわけなので、格段に費用が下がることはないのですが、全体の費用を考えて戦略を検討することができるので、予算は最初から伝えるのがベストです。

実際、たった一本のコピーで勝負した広告が、大きな反響を呼ぶということも珍しくはありません。要するにどこに費用を集中投下するかという話なので、単純な見積もり比較だけで安いところに依頼して、既視感満載のＷｅｂサイトができてしまうよりも、工夫次第で優秀なクリエイターに同レベルの費用で依頼できる可能性もある、ということです。

ただ、どんな買い物でもいえることですが、上から目線でとにかく値段を下げろと要求するのは禁物です。これは相手をパートナーとして見なしておらず、単なる消耗品の調達先の一つとしかとらえていないことになります。互いの目線を合わせ、二人三脚で魂の入ったやり取りをすることでＷｅｂブランディングは成功するのですから、根拠のない値下げや、上から目線で突き放すようなコミュニケーションはすべきではありません。必ず交渉を重ねて、互いにとってフェアな着地点を見つけていくことが重要です。逆をいえば、後出しの形で値段交渉を持ち掛けるのは双方にとって時間のロスでしかありません。

ブランディングは無形の経営資産です。クライアント企業にとっては消費ではなく投資であり、クリエイティブ企業側も投資可能な予算に合わせていく姿勢は必要です。ただ、リターンを得るにはそれなりの投資が必要でもあるわけです。この点は発注側にも覚悟してもらい予算内で最高のリターンを得られるように、お互い前向きな姿勢を心掛けるべきです。

決裁者も初期段階から顔を出す

クライアントとクリエイティブチームの双方のコミュニケーションはもちろん大切ですが、クライアント内部のコミュニケーションも忘れてはいけません。

クライアント企業の担当者とクリエイティブチームの強い絆で結ばれたチーム力で、ブランディングの土台づくりからしっかり積み上げた、ターゲットの心に訴え掛けるすばらしいＷｅｂサイトが完成しました。担当者が「形式上ですが社長に報告します」と社内稟議にかけたところ「社長からこんなＷｅｂサイトはダメだと言われました」なんてことになったらここまでの過程が水の泡になってしまい最悪です。チーム全員の士気もガタ落ちです。

このような悲劇は担当者と決裁者の社長とのコミュニケーションが足りなかったことに起因します。企画の設立と予算の確保時に承諾をもらい、次の報告は完成後にするという、頭と尻だけに決裁者の介入を限ったことが問題でした。もっと細やかに報告していれば、決裁者の理解と納得を引き出しつつ制作を進めることができ、最後の報告もスムーズに承認を得られたはずです。

対策はただ一つ、できる限り、初期の段階から決裁者にも制作に関わってもらい、その都度で意見を出してもらうのです。

よくあるのが、決済者の思いつきの無邪気な注文です。もっとこうしたほうがいいのでは、と制作の終盤段階に前へ出てきて修正リクエストが入るパターンです。大きな手を加えないといけないとなると追加の費用が発生する事態にもなってしまいます。

しかしその悪気のない修正リクエストは、得てして決裁者の考えというより、嗜好による場合が多いのです。チームがロジカルな思考とさまざまな検証を経て積み上げた視点から外れたオーダーである場合が多くを占めます。チーム一丸となって積み上げてきたものは、決裁者の喜ぶＷｅｂサイトではなく、ブランド力の高い、利益を生むＷｅｂサイトです。ですから、たとえ決裁者の立場であったとしても、感覚的な一言で変更を加えることなどあってはならないのです。

決裁者がカリスマ的であったり独裁的であったり、権力が強い社風の組織なのであればなおさら、早い段階で必ずミーティングに顔を出してもらうようにし、決裁者には経過を見守られる場所にいてもらいます。出来上がるまでにどれだけのスタッフが動いているのか、どれだけのコストがかかっているのかを知ってもらい、自分の一言でどれだけの人が動くことになるのかを、決裁者も含めクライアント側の全員が把握することが理想です。

決済者はプロジェクトの戦略をよく理解し、プロジェクトのゴールを達成できる成果物が出来上がっているのか、ずれているのか大局的に判断すべきです。個人の好みで判断するとせっかくのブランディングが台無しになってしまいます。

こういった組織のしがらみ、忖度《そんたく》は抜きで、みんなでいいものをつくれるよう、クライアント側で内部のコミュニケーションもスムーズにしておくこと、これはある意味ではクリエイティブ側の切なる願いともいえます。決裁者へ直接のプレゼンテーションができなければ受託しない、というスタンスの会社もあるくらいです。発注側も適宜留意し、決裁者にも参加してもらえるような環境づくりを心掛けておくことが大切です。

クリエイティブアレルギーを出さない

クリエイティブなことやブランディングはよく分からないからと、制作チームにすべて任せるのは得策ではありません。これでは双方で十分なコミュニケーションが取れず、質の良いブランディングはできません。

クリエイティブチームは伴走者であり、支援者です。あくまで当事者は発注主なので、発注主に当事者意識のないプロジェクトはうまくいかないと断言できます。お互いが自分の役割にコミットして最大の効果を狙うわけですから、発注側も脳に汗をかく必要があるのです。それを放棄してしまうと、他人から与えられた価値の中でビジネスしていくことになってしまいます。

したがって、デザインのことはよく分からないしこんなことを言えばレベルが低いと思われるのではないかといった心配を発注側が抱く必要はありません。なんでも気兼ねなく質問し確認し意見していくべきです。

完成されたＷｅｂサイトを実際に見るのは、発注側と同じデザインの素人です。そしてそういったデザインの素人の心を動かすものをつくるのが、クリエイティブ側の仕事なのです。デザインの細かな説明など聞かずとも、見た瞬間に感動を与えなければなりません。クリエイティブ側にとっては発注主が最初のＷｅｂサイト訪問者でもあるわけです。クリエイティブ側から提出された価値の言語化やデザインの下書きに対して、きちんと感じたことを伝えるようにすべきです。理解できない点があれば、これも遠慮なく伝えるべきです。

発注主との議論に応じてくれず、クリエイティブには口を出さないで欲しい、というスタンスの企業もあるかもしれません。しかし私は発注企業に与えるビジネス体験（カスタマーエクスペリエンス）も重要だと考えており、クライアントにも活発に意見を出してもらって気持ちよいプロジェクト体験になって欲しいと思っています。

互いをプロとして認め合うことが前提ですが、立場に上下はなく、リスペクトしあって相手の納得を引き出しながら進めていけるのがプロではないでしょうか。

家を建てるときに、建物のことはよく分からないので間取りも素材選びもすべて任せます、なんて頼み方をする発注者はいません。逆にすべてを勝手につくってしまうような住宅メーカーもないですし、細やかな情報共有の場が存在するはずです。Ｗｅｂサイト制作も同じです。クリエイティブに過剰なアレルギー反応を出すことなく、双方の意見交換を頻繁に重ねることが重要です。

ブランディングの効果検証

ブランディングは結果がすべてです。狙ったとおりのコミュニケーションでイメージコントロールができているのか、投資効果は得られているのか、効果検証をする必要があります。

とはいえブランドは人の心のなかに育つもので、良し悪しの判断をつける数値化というのはなかなかできないものです。しかもブランディングとマーケティングのどちらが原因でそのような結果になったかの検証も必要となるわけで、慎重な分析を行う必要があります。

まず確実にいえるのは、ブランディング力のあるＷｅｂサイトを立ち上げたからといって、すぐにブランドを知ってもらえるわけではないですし、Ｗｅｂサイトへのアクセスが伸びるわけではない点です。もし認知をあげたい、流入を増やしたいのであればさまざまなメディアを活用し、潜在的な見込み客がいるところへ広告を展開したりして、知ってもらうための集客活動をしないといけません。これら集客の導線づくりはマーケティングの一環であり、流入の増加が見られないのであればマーケティング方法を見直す必要があります。

ブランディングの効果検証はその次の段階で、実際に訪れた人がどういった行動を取るかで計測することが一般的です。Ｗｅｂサイトの滞在時間は一つの基本指標となり、採用募集であればエントリー数は重要指標ですし、サイト訪問や商品購入のリピート率なども参考になります。

とりわけ確実な効果検証はアンケートを取ることです。

まず代表的なのはＮＰＳ（Net Promoter Score）です。実際の購入者にメールや電話、Ｗｅｂ上のアンケートフォームなどで、次のたった一つの質問を投げ掛けるだけです。

「この製品・サービスを友人や同僚にどのくらい勧めたいですか」

これを0から10までの11段階で解答してもらいます。さらにその評価をつけた理由も答えてもらえるとベターです。なにかを購入した際、このようなアンケートに答えた経験がある人は一定数いると思います。

9か10をつけた人はブランドをよく理解した熱烈なファンといえる推奨者で、今後も継続的に良好な関係を築けると予測できます。7か8は可もなく不可もなくといった中立者で、もう一工夫で熱烈なファンに昇格してもらえる可能性があります。6以下は批判者であり、ブランドへの理解は低いと見なせます。

詳細な指標として重視したいのは、10や9をつけた推奨者の割合から6以下の批判者の割合を引き算したものです。例えば推奨者が全体の40％、批判者が全体の30％だとしたらＮＰＳは10となります。つまりＮＰＳの数値幅は推奨者０批判者１００のマイナス１００から、推奨者１００批判者０のプラス１００までとなります。

ＮＰＳはトップ企業でもおおよそマイナス20からマイナス40ほどといわれており、日本ではプラスになることはほとんどありません。熱烈なファンが批判者を大きく上回ることはなく、大半が中立者で占められています。大事なことは数字の推移であって、定期的なアンケート実施によってＮＰＳの推移を確認し、下落傾向であれば、ブランディングを見直すなどなにかしらの対策が必要だということになります。

もう一つ効果検証の指標で紹介したいのがＤＷＢ（Definitely Would Buy）です。こちらも同様にアンケートを実施して、絶対に買いたい、買いたい、どちらでもない、あまり買いたくない、まったく買いたくない、の5段階で評価してもらいます。絶対に買いたいと答えた層が多いほど、ブランドへの理解度は高いことになります。こちらも定期的なアンケート実施で数字の推移を見守ることが大切です。

もっと手早く分かりやすい効果検証としては、近年ではＳＮＳを活用したものがトレンドです。Twitter や Instagram のアカウントをつくっておき、フォロワー数がどれだけ増えたとか、情報発信に対して、いいねやコメントなどをどれだけもらったかなど、顧客の反応を見るのも検証の材料になります。採用向けブランディングサイトの場合は、特にこのＳＮＳの反応というのは大きな参考材料といえます。ただし、こういったダイレクトな反応はブランディングによるものかマーケティングによる一時的な増加によるものかの判断が難しい面もあるので、慎重な分析は必要です。

ブランドの見直しと拡張

ブランドに見直しは必要でしょうか。

マーケティングは後戻りできるが、ブランドは余程のことがない限り変更を加えてはいけない、と第1章で書きました。しかしこれは非常に難しいことです。本当にこれでいいのか、もっと違う方向に舵を切ったほうがいいのではないか、経営者であればなおさら、事業の将来を考えれば考えるほど、不安は尽きません。だからリブランディングという言葉もあるわけですが、私はリブランディングをネガティブにはとらえていません。むしろブランドは時代に合わせて進化、もっと正確に言えば拡張していかねばなりません。

強い競合の出現、社会の価値観の変化、顧客とのリレーション状況、経済状況などさまざまな要因によってビジネス環境は変わります。しかしブランドは常に「強く、好ましく、差別化されたイメージ連想」を与えねばなりません。そのためには建設的な破壊と進化は必要なのです。

しかしブランドとは人格のようなものです。友人が突然、昨日までと違う人格になって現れたら周囲は大抵、混乱します。つまりリブランディング、突然人格を変えるというのは余程のことがない限りリスクになります。だから変わることへの大義を示す必要があるのです。なぜ変わるのか?変わらなければいけないのか?その理由が顧客にとって好ましいものであれば歓迎されますし、顧客にとって不利益をもたらすものであれば歓迎されません。

言葉を変えれば、顧客のためになるのであれば変化は歓迎されるのです。人間もさまざまな体験を経て成長していきます。ブランドも同じ。刻々と変わるビジネス環境に応じて、リブランディングの必要があれば是非挑戦すべきだと思います。

ただ、知らず知らずのうちに、ブランドという人格が変わってしまう場合もあります。だから常に、このブランドはこういう事を言うだろうか?どんな言葉を使うだろうか?どんな対応をするだろうか?と人に置き換えて確認してみると、主体性のないブランドにはなりません。まっすぐ芯の通ったブランドとして、消費者と企業自身を導いてくれるでしょう。我々はそのような強いブランドをつくるのが、使命なのです。

ワクワクする魂のやり取りが成功への最短ルート

実際に私が企業のブランディングのサポートをするなかで、自分たちの本当の強みに気づけていないクライアントが多いと実感しています。社内の人たちにとっては当たり前になっているやり方や考え方が、実は外側の人間から見ると大きな魅力に映り、それがそのままブランドとして差別化できるケースもしばしば経験してきました。

だからこそ、本質的な価値を一緒に見いだしてくれるようなクリエイティブチームとの出会いが肝心なのです。発注企業に望むこととしては、クリエイティブチームのことをパートナーと認識してもらうことが挙げられます。クリエイティブのことはよく分からないから、などと距離をおくようなスタンスは取らず、上下関係とか隔たりをつくることもなく、気になることはなんでも伝えてほしいし、自社のこと、商品のことについて包み隠さず等身大のことを伝えてほしいと願っています。

思わずハッとしてしまうような、考えもしなかった言葉をクリエイティブチームからもらえて、自社の新しい価値を発見できた。これまであいまいになっていた自分たちのアイデンティティや価値を可視化できて、社内外のステークホルダーに正しく伝えることができた、それが最良のパートナーシップです。

また、Ｗｅｂブランディングから得られるものは単なる成果物としてのＷｅｂサイト、そしてＷｅｂサイトの反響という数値的な結果だけではありません。ブランディングのプロセスを通じてインナーへの波及も生まれ、自分の会社に誇りをもてるようになった、組織の一員として働くことにより喜びを感じるようになった、そんな想定外の収穫も得られるのが、クリエイティブパートナーと進めていくＷｅｂブランディングの醍醐味といえます。

世の中にはなかなか日の目を見ることのない、縁の下の力持ちとして社会に貢献する企業がたくさん存在します。自社の価値やブランドのことなど考える暇もなく、日々、目の前の仕事に打ち込み続けている企業も数多く存在します。そういった企業にクリエイティブパートナーとして並走し、一緒に企業の価値を探すと、クライアントがすごく感動してくれます。この会社で働くことの意義を改めて確認することができた、やる気が満ちてきた、と声をもらうこともあります。

しかもアウトプットとしてブランド力の高いＷｅｂサイトが出来上がっているのですから、企業としても投資効果を十分に感じてもらえます。クライアントのビジネスにまったくコミットしない、単純にＷｅｂサイトをつくる、ただＷｅｂサイト制作を請け負うところでは、こういった感動は味わえないはずです。

発注企業にもワクワクする高揚感がないと、いいＷｅｂサイトはできません。そのためにはクリエイティブチームとクライアントとの魂のこもったやり取りは欠かせないのです。

つまり、両者間のビジネス体験にも、ロジックと感動が生まれることになります。予算とか戦略のデザインとか情報のデザインとか、議論を通してブランドを発見し、磨き上げていくことはもちろん大事ですし、その過程で一種の感動のようなものがもたらされるべきだと感じます。Ｗｅｂサイトという成果物だけでなく、その過程にもロジックと感動がある、消費者に与えるＵＸだけでなく、クライアントに対しても高い品質のＵＸを提供できるのが良いプロジェクトでありパートナーなのです。

我々の場合、企業のブランディングをサポートするなかで、クライアントにワクワクしてもらうことをかなり意識しています。初めて顔を合わせる30分程度のミーティングでも、いろいろな事例を見てもらい、表現やデザインを自社に置き換えてもらい、ワクワクしてもらえる時間をもつようにしています。逆にいえば、最初の段階でワクワクと高揚が感じられないのであれば、いかに実績があって制作事例も魅力的な制作会社であっても、タッグを組むべきではないのです。

ブランディングは浸透するまでに時間がかかりますし、どれだけ効果があったか、正しかったかどうかの判断は難しいものです。しかし過程で自社の新しい発見ができて、社内にも正しく波及しているのであれば、それは間違いなく成功の道を歩めていることを意味しています。Ｗｅｂサイトも自ずとポジティブな反響が返ってきます。クリエイティブチームとのコミュニケーションを通して、ワクワクを感じることができたなら、成功への最短ルートを歩んでいるなによりの証拠です。

第5章

国内の成功事例で見る「ロジック×感動」のベストプラクティス

【ベストプラクティス①】企業アイデンティティを100％表現する

優れたＵＩデザインとアートワークの融合で価値を伝え、強い印象を残す、この章では、そんなＷｅｂブランディングの事例を紹介します。

最初に紹介するのは、手前味噌ではありますが私の会社、株式会社ライデンのＷｅｂサイトです。Ｗｅｂブランディングはユ ＵＩとアートワークの融合が大事だ、と再三主張しているのですから、自分の経営する会社のＷｅｂサイトにはその要素が最大限まで盛り込まれているのは当然です。融合とその配合バランスがいかに大切か、そしてＷｅｂブランディングだからこそ実現できる感動はどんなものなのかについて考えます。

あえて「ふるいにかける」戦略のデザイン

私の会社のWebサイトも企業サイトの一つであり、存在目的に加えて、どのような価値を提供する会社なのかを知ってもらうことが必要です。高額な価値を提供しているのであればそれに見合ったWebサイトにすべきですし、面白い価値を提供しているならWebサイトも面白くあるべきです。提供する価値とWebサイトの印象にズレがあると、企業側が想定していなかった訪問者が顧客となり、結果的にはミスマッチが起きて両者にとってこんなはずじゃなかったという不幸を招くことになります。

Webサイトを訪れた人に提供する価値を正しく理解してもらい、運命の出会いに導くことがWebブランディングの肝となるわけですが、達成できている企業サイトは極めて少ないです。そのために我々のようなWebブランディングを支援する会社は存在しているわけ

著者が代表を務める株式会社ライデン企業サイト
（https://www.ryden.co.jp）

で、そのニュアンスが伝わるようなＷｅｂサイトを構えておく必要がありました。

私の会社が提供する価値とは、クリエイティブパートナーとしてクライアントの利益を生み出すこと、これを感覚的にも論理的にも感じてもらわなければいけません。つまり訪問者には、単にＷｅｂサイトをつくる会社ではなく、クリエイティブな力で自社の課題に向き合ってくれる、優れたデザイン力をもつ会社なのだ、といったふうに思ってもらいたいわけです。さらに費用でいえば、クリエイティブパートナーとして並走する分、一般的なＷｅｂサイト制作会社よりも高いことを理解してもらうのも重要です。安価でとりあえずＷｅｂサイトをつくっておこう、という目的の訪問者に向けたものになっていません。Ｗｅｂブランディングは安く調達すべき消耗品ではなく、リターンを得るための投資である、ということを理解している訪問者に対して語りかけているのです。

つまり私の会社のＷｅｂサイトは、あえてふるいにかける設計になっています。訪れた人すべてを見込み客として問い合わせをしてもらうという八方美人な狙いはもっていません。提供している価値に共感し、理解してくれる人だけが連絡をしてくれればいい、というやや強気な戦略のデザインでできています。こうすることで発注サイドにとっても我々にとってもミスマッチをなくすことができるので、互いにとって時間的なコストパフォーマンスのいいＷｅｂサイトとなっています。

UIデザイン弱め配合

私の会社のＷｅｂサイトはデザイン性が強めです。アートワークが得意であることを存分に感じてもらうため、あえてＵＩデザインの定石から外している部分も随所にあります。

一例として、企業Ｗｅｂサイトでは、見やすい場所に分かりやすく問い合わせへのリンクを設置することが多いのですが、このサイトでは問い合わせフォームへのリンクはあまり目立っていません。なによりもまずトップページこそが会社のプレゼンテーションであり、最初から最後まで情報を通して見てもらいたいという意図があるからです。コンタクトを取るのはプレゼンテーションを全部見たあとで、という気持ちが込められています。

当然、気がついたら最後までプレゼンテーションを読んでしまった、と飽きないつくりが必要で、単調ではなく没入感をうむ設計をしていないといけません。感情に直球で訴えかけられるように設計し、「なんだこの会社!?」という印象を与えるストーリー展開を演出しています。

一般的なＷｅｂ制作会社の場合は、特徴や理念、制作事例や費用の目安などが掲載されていて、もちろんそれらは必要なものですし、それはそれで正しいやり方なのですが、差別化できる価値を押し出したブランディングサイトにはなりません。

だからこそ、企業の個性を感じてもらうためのプレゼンテーションが必要だと考えています。

このＷｅｂサイトのスタイルは、完全にプレゼンテーションに振り切った情報のデザインを施しています。最後に、興味があったら連絡をください、という設計にしているのも、我々のスタイルを表現したＷｅｂブランディング技法の一つです。

日本語の表現力を活かした ビジュアルデザイン

一般的にアートワークに全力投球したＷｅｂサイトの場合、使いやすさが犠牲になりがちですが、そこは冷静に計算しています。かなり個性的という評価を得てはいますが、我々のアウトラインを知るにはスクロールさえすればＯＫです。

斬新な印象を与えつつも、スクロールするだけで情報を読み取れる非常にシンプルなつくりをしていて、初めて見るようなサイトなのに使い方が感覚的に分かるよう配慮されています。この点はＵＩデザインをかなり大事にしており、ロジックと感動の掛け合わせによって我々の提供価値を感じ取ってもらえるよう配慮しています。

次に特徴的なのが欧文、つまりアルファベットをいっさい使用していないことです。カタカナの和製英語は使っていますが、より正しく我々を理解していただくためのプレゼンテーションにアルファベットはマイナスになる、という考えが根底にあります。

ほかにも、予想どおりの展開にならないように、いい意味で予想を裏切る言葉と、演出で訪問者の右脳と左脳の両方を刺激するように設計しています。

また意味のないイメージ画像で印象をぼやけさせることはいっさいせず、

・伝統的なグラフィックデザインの技法とアニメーション（モーショングラフィックス）でデザイン力の品質の高さも感じてもらう。
・日本語の表現力の豊かさを使って我々が提供する価値と熱量を感じてもらう。

以上のことを目的としてつくられています。

もちろん、ＵＩデザインを置き去りにすることなく、アートワークに傾倒して使いづらくなりがちな点にも配慮しています。

日本語サイトでありながら、私の会社のＷｅｂサイトはＭｕｚｌｉという海外のデザインキュレーションサイトで紹介され、海外からのアクセスが増加しました。国内外でポジティブな評価を受けており、デザイン界でも一目置かれるようになっています。

サイトを通じた問い合わせの質量も向上しました。特に質の面では、当初の狙いどおりにふるいにかけることができ、我々のセンスに感銘をうけた企業からの問い合わせが増えています。ミスマッチが起きない分、その後の商談が非常にスムーズに進みます。

このように、自分達の提供価値を正しく表現したＷｅｂサイトがあれば、ここでビビッときてもらったら話を先に進めますし、なにも感じてもらえなければ縁がなかったというふうに、互いにとって時間を無駄に割くことなく済みます。

またＷｅｂサイトは魅力的だったけど実際会ってみたら印象と全然違ってヨレヨレの服を着た全然オシャレじゃない、腰のひけた態度のスタッフが現れたら、激しく期待値レベルを裏切ることになるので、ブランドはＷｅｂサイトだけじゃなくすべての接点に浸透させる、ということも忘れてはいません。

「普通」のサイトは、「不通」のサイト

企業サイトを訪問する人は、必ずなんらかの意図、収集したいと思っている情報があります。

どんな事業に取り組んでいるのだろうか、どんなビジョンを掲げているのだろうか、どんなものを販売しているのだろうか、どんなサービスを提供しているのだろうか、どんな人が働いているのだろうか——。

ＵＩデザインにこだわって、知りたい情報がすぐに拾えるＷｅｂサイトを目指すことも重要です。しかし訪問者の意図を汲みながら、やはりいちばん大事にしたいことは本質的な価値の部分、なにを根底において経営をしているのかを伝えることです。背骨部分がＷｅｂサイトに乗っかっているかどうかで、訪問者の記憶に残る度合いは段違いとなります。

情報（事実）を単に置いておくだけでは、文字どおりの事しか伝わりません。「冷やし中華はじめました」みたいなものです。そんな普通のサイトであればあるほど、文字どおり不通

のコミュニケーションにしかならないのです。

店主が毎朝4時から麺を打って、日本中を旅してようやく見つけた特定の農家がつくる無農薬野菜と烏骨鶏、三河地方の味噌カツをヒントに5年の月日をかけて開発した独自の胡麻ダレを使った伝説の冷やし中華、1日10食限定で提供しています。誰もが知っている超多忙の経営者が毎月1回、必ずやってきます。価格は1杯５００円。

どうですか？　解像度が上がって食べてみたくなったでしょう？　企業サイトの話を冷やし中華に例えるのもへんに感じたかもしれませんがＢtoＣもＢtoＢも、伝えるべきことの解像度を上げるという点は変わりません。

事例の最初に我々の企業サイトをご紹介した理由にもなっているのですが、ＢtoＢ企業は特に、個性が足りていないＷｅｂサイトが多いと感じています。印象の解像度が低いといっても良いでしょう。

例えば専門商社の企業Ｗｅｂサイト。扱っている製品やサービスをどれだけ訴求しても、他社でも購入できてしまいます。であれば、扱っている商材をしっかり紹介することも必要ですが、なぜそれを販売するのか、自社と取引することでどのようなメリットが相手に生まれるのか、そういった付加価値をきちんとプレゼンテーションする必要があるでしょう。しかし、それがしっかりとできている企業は多くありません。これまでは、成長産業であればそれでも業績は伸びたかもしれませんが、これからはほとんどの産業で内需が下がっていきます。人材の採用だってより苦労することになります。

強いブランドは、長期的に利益を生み出す無形の経営資源。そのブランドを発見し、磨き上げ、浸透させるブランディングという取り組みはどんな企業にも必要で、やはりＷｅｂというメディアの強さ、アートワークとの組み合わせによる差別化は、もっともっと必要になると確信しています。

【ベストプラクティス②】純度の高いビジョンをＷｅｂサイトに展開

次は弊社にしては珍しく、北海道からご依頼いただいた事例で、動物病院のＷｅｂサイトです。私もネコを飼っていますので近所の動物病院には時々行きますが、その際Ｗｅｂサイトに求めるものは診療時間と電話番号と地図があればそれでいいじゃないか、と思っていました。なので私も最初は、東京の我々ではなく、地元北海道の会社に依頼したほうが何かといいんじゃないですか、ということを伝えたように思います。

しかしこの動物病院の経営に携わる皆さんの話を聞いて、私は深く感銘を受けました。

彼らのビジョンは利潤だけを追求する動物病院の経営ではなく、どうぶつが「ペット」ではなく「どうぶつ」らしくあるための、そんな世界をつくりたい、というもので、『森のやさしさと、医療が手をつないで、どうぶつが「どうぶつ」らしくある場所へ』という純度の高いビジョンをすでにおもちだったのです。そしてこのようなビジョンが存在するからこそ、病院経営だけでなく、

・動物愛護活動
・高齢者施設や病院、教育の現場を訪問してどうぶつのもつ温もり、優しさに触れる機会を提供する活動をおこなう
・子どもたちが犬を相手に読み聞かせをすることで本への興味をもち、かつ動物愛護精神を培う

といったさまざまな活動を実施されていました。

それだけでなく獣医と一緒にどうぶつのための総合栄養食までつくるという、ビジョンに忠実に、徹底した活動を実行されていたのです。

つまり、この事例ではすでに自分達の提供する価値をしっかりと定義されており、世の中に伝えるべきブランドは存在していたといえます。我々はブランドを視覚化したに過ぎません。

愛はビジョンと行動、そしてブランドをうむ

またＷｅｂサイトにも掲載されていますが、こんな逸話があります。

〝緑の森どうぶつ病院を開業してまもないある日のこと、外来時間中に院長の姿が急に病院から消えたことがありました。しばらくすると何事もなかったように戻ってきて、そして院長はにこにこと、どうぶつたちの診察をいつものように続けるだけでなにも語ってくれません。そんなちょっと不思議なことがあってから数日後のこと。10人ほどの小学生たちから院長あてに手紙が届きました。

「先生、鳥のひなを助けてくれてありがとう」1年生から6年生まで、いろんな学年のこどもたちが、精一杯の感謝の言葉をつづってくれた手紙でした。そうです。院長は、こどもたちが公衆電話からかけてきたＳＯＳの連絡を受けて、巣から落ちてしまった鳥のひなを助け

るべく病院を抜け出したのでした。

助けるといっても、木に登ってひなを巣に戻しただけだったようですが……。

その手紙のなかにこんなメッセージがありました。

「ぼくは、本当は先生は来ないと思っていた。でも、先生は来た。びっくりした。ぼくはそんな大人に会ったことがない。先生ありがとうぼくは、これから絶対に動物を大切にします。先生ありがとう！」

この男の子の言葉に、私たち緑の森のスタッフたちは胸を突かれました。〟

大袈裟ではなく、感動しました。そして我々はこの病院の皆さんがもつどうぶつへの愛を、ビジョンをＷｅｂサイトというメディアに乗せてデザインする、という仕事を引き受けたのです。

ビジョンを視覚化するアートワーク

緑の森どうぶつ病院 Web サイト
（https://midori-no-mori.jp/）

緑の森どうぶつ病院のビジョンを視覚化するにあたってキーワードとなるのは「森のやさしさ」や「どうぶつが与えてくれる心のぬくもり」でした。病気や怪我をしたペットを連れてくるだけの診療機関ではないことを感じてもらうために、全体的にやわらかな印象のビジュアルデザインになっています。

加えて動物を人間と対等な命としてとらえ、動物と人間が交わしている愛を表現したいという理念から、このようなデザインが生まれています。

この世界観は、アートディレクターの岡野真也と、イラストレーターで絵本作家でもあるごとうゆうかさんのコラボレーションによって創出されています。作家性をふんだんに活かしたイラストレーションで表現しているアートワークです。

このように優れたアートワークは社内外のパートナーとの共創によって生み出される場合も多くあります。イラストレーター、写真家、映像作家など、どれだけ優秀なクリエイターをパートナーとしてチームに招き入れ、質の高いチームをつくることができるか、ここが非常に重要なポイントだと思っています。

課題解決のＵＩデザイン

この事例におけるＵＩデザインのポイントは、訪問者が求めるニーズに適切に応えるという、ビジネス的な課題解決を目指している点です。

つまり、訪問者の大半は、下記のいずれかのニーズをもっていると予想できます。

・診療内容を知りたい
・電話番号を知りたい
・診療時間を確認したい
・来院予約を行いたい
・場所を知りたい

どのページにいても、上記すべてのニーズに応えられるＵＩデザインを設計しています。

また緑の森どうぶつ病院は北海道と新潟に６つの拠点があるため、その点も考慮したＵＩデザインになっています。

そしてもうひとつＵＩデザインのポイントとして、「獣医当番表」があります。

これは各病院の獣医さんの勤務スケジュールを分かりやすく視覚化したものです。例えば獣医さんがほかの拠点へ異動した場合も、スムーズに対応できるようにシステム化されています。

言葉にすると簡単に聞こえますが、このような情報整理は簡単ではありません。何度も検証して情報の分かりやすさを追求します。使っている訪問者にとっては「分かりやすい」という感覚として知覚されますが、このような情報設計もＵＩデザインの重要な要素になります。

このように、ブランドに立脚し意図的に設計されたコンテンツ、アートワークとＵＩデザインは、統合されて強い印象、あるいは使いやすさ（＝ストレスがない）という形で知覚されます。これが、ユーザーエクスペリエンス（ＵＸ）です。

Ｗｅｂサイトに限らず私たちは日々あらゆるＵＩ／ＵＸに接して生活しています。「この資料のＵＩデザインはよく考えられているな」とか「このレストランのＵＸはすばらしいな」と意識してみると、つくり手の意図をあれこれ推測することができ、面白い体験になると思います。

【ベストプラクティス③】
圧倒的没入感で強烈な印象を残す

つぎに他社事例として、ＵＩデザインとアートワークの融合がすばらしいＵＸを生み出している秀逸なＷｅｂブランディング事例を紹介します。

まずは２０２９年に創業１００周年を迎える化粧品メーカーＰＯＬＡのビジョンを伝えるサイト「ポーラ２０２９年ビジョン」です。

企業のビジョンを伝えるサイトというと堅苦しそうなイメージがあります。

そもそも、企業のビジョンをしっかり読んでみよう、という発想すら抱きにくいものです。ビジョンは商品やサービスと違い消費者の差し迫ったニーズとはかけ離れた存在であり、多くの人が自分とは無関係なことと考えているからです。

しかし企業は日頃からビジョンを伝えることで自社の輪郭をはっきりさせ、より顧客との

ポーラ2029年ビジョン特設サイト
（https://www.pola.co.jp/wecaremore/）

関係を深化させたいという強固な願望を抱いています。その表現のひとつとしてつくられたであろうＰＯＬＡの２０２９年ビジョンは、企業ビジョンというとっつきにくいテーマを芸術性の高いデザインに昇華させ、類を見ないレベルの完成度に仕上げています。秀でたアートワークはダイレクトに感情を刺激します。言葉は不要、実際に見てもらえればその秀逸さは体感できるので、ぜひ一度アクセスしてみてください。ここでは本書の主題であるブランドを土台としたＵＩデザインとアートワークの融合の観点から、敬意を込めて私なりの見解で詳説します。

没入感をつくる技術

まずこのサイトについては、POLAとクリエイターのかなり密度の濃いコミュニケーション、戦略のデザインが重ねられたのだという背景が読み取れます。一方通行な交流ではこれほどの完成度には達しません。

この事例は一企業の未来に対するビジョンを社内外のステークホルダーに向けて発信するWebサイトです。端的にいえば中長期計画の発表の場であり、それ以上でもそれ以下でもないものをどのようにしてプレゼンテーションするのか、これが大きな課題となります。

その解決法として表現されているのが、冒頭の「妻の荒れた手を治したい。」という創業の物語です。

人をケアする、社会をケアする、地球をケアするという創業の精神から、どのような具体的アクションが生まれ、「We Care More.」という新しいビジョンへとつながっていくのか——。POLAの思考プロセスを伝えるには創業の物語から語らねばならない、そんな強い意思を感じます。社内外のステークホルダーへの強固な意思表示となっているのが特徴です。

演出も緻密に設計されており、最初は手触りや温かさ、優しさを感じさせる控えめなアニメーションから始まり、後半へ進むにつれてダイナミックなものになり、終盤にはクライマックス感を演出しています。つまり言葉による物語を、演出としてのアニメーションが高いレベルでサポートしているのです。あたかも直接相手から語り掛けられているような、そんな没入感を生み出しており、これは非常に高いスキルをもったクリエイターにしか実現できないことです。

主役を支える最高のアートワーク

このサイトは国内最大級のアワードを受賞しており、秀逸なＷｅｂサイトとして業界でも広く認められています。強固なビジョンを正しく伝えることで、この会社は強いという、強烈なブランド力を感じさせてくれます。

社内の人たちにとってはまさに自分の所属する組織の強固な志を再確認することができますし、社外の人たちにとってもその強烈なブランド力を過不足なく受け取ることができます。競合の企業には、強烈な一撃をくらってしまったような衝撃が走ったかもしれません。あるいはよりいっそう、自分たちもより強いビジョンを描かねば、という発奮材料になったかもしれません。いずれにしろ、このサイトを見た多くの人にＰＯＬＡの強烈なブランド力が記憶されたことは間違いないでしょう。

アートワークのポイントとして触れたいのは、このＷｅｂサイトは秀逸なスクロール連動アニメーションが特徴ですが、スクロール以外の操作をいっさい必要としません。ＰＯＬＡ

のビジョンサイトは言語化されたビジョンが主役であり、アートワークは主役を支える演出であることを徹底しています。特にイラストレーションは極めて控えめな描き方になっており、動きも物語の進行をサポートする役割に徹しています。

　あくまでアートワークは演出であることに終始しており、この抑制と緻密な設計はアートディレクターの類稀な能力を感じるばかりです。同時にプロジェクトチームの高い熱量も感じ取ることができます。

Webを通してビジョンを伝える意義とは

直接商品やサービスを売るためのWebサイトではなく、POLAのこの事例のように、企業ビジョンを伝えるWebサイトを準備して、自社の根幹となるものを丁寧に、しかも正確に、高い視座で磨き上げて発信している企業は決して多くはありません。

ほとんどの人は、企業のビジョンや意思を聞かされても、心を動かされるようなことはありません。そもそもその企業の内面部分に興味などないからです。

しかしそれでも企業は社会に向けてビジョンを語り続けるべきであることを、この事例は教えてくれています。企業が生産活動を継続するためのエネルギーを常に生み出し続けるために、このような取り組みは必要なのだと思います。ビジョンを語らなくなった企業は早晩力を失い、枯れていってしまうのです。

だからＰＯＬＡも高い視座でビジョンを明確にし、社内外に向けて語っているわけですが、どれだけＷｅｂサイトを通じて正確にブランドを発信し、相手の記憶に残すことができるのか、それがいちばんのチャレンジだったはずです。

そのチャレンジに対して、適切なＵＩデザインとアートワークの融合で高いレベルのＵＸを実現しているすばらしい好例です。

それにしても、自分の関わっている企業がこんなＷｅｂブランディングを届けてくれたら、応援したくなるし、よりいっそう関わり合いを続けていきたいと感じるはずです。

規模に関わらずもっと多くの企業に、企業パーパス（存在意義）の重要性が浸透し、そのビジョンをしっかりメッセージとして発信していってもらいたいです。そして社会がその志を受け止め、日本文化のさらなる成熟につながればと強く思っています。

【ベストプラクティス④】

地方自治体のWebブランディング

自治体こそＷｅｂブランディングで勢いをつけるべきだと私は思っています。しかし現実には、Ｗｅｂブランディングの重要性に気づいている自治体はごくわずかというか、ほぼゼロといっていいと思います。

もちろん一部の有名な観光地はＷｅｂブランディングにしっかり予算を割いています。しかし一部を除いてしまえば、残りは横並び、同質の既視感満載な自治体サイトが目白押しです。

観光庁の旅行・観光消費動向調査によれば、新型コロナウイルス感染拡大以前の日本人国内観光消費額は年間で20兆円を上回っていました。新型コロナによる規制もだいぶ緩和されてきていますし、国内観光は今後さらに拡大市場となっていくと考えられます。そして各自治体がその恩恵にあずかれるかどうかは、地域の魅力を再発見して、観光客や企業の誘致による地元経済の活性化に、どれだけ真剣に取り組めるかにかかっています。差別化のできない自治体たちこそ、まさに今このタイミングでＷｅｂブランディングに力を入れて観光収益を上げる活動に着手すべきなのです。

うちには目立った観光資源なんてない、ブランドにできるような誇れる価値がない、どうせみんな有名な観光地にしか興味ない、そう嘆く自治体も多いと思います。しかし私からいわせてもらえば、観光資源になり得るブランディングストーリーをつくれていないから、観光地のイメージが定着していないに過ぎません。

そこで一例として紹介したいのが魅力的なＷｅｂサイトを立ち上げた、人口５０００人にも満たない町、島根県美郷町のサイト「みさとと。」です。

ブランドの根幹をなす秀逸なネーミング

まずＵＩデザインとかアートワークとかいう前に、ブランドの根幹をなす「みさとと。」のネーミングが秀逸です。こういった地域ＰＲのＷｅｂサイトをネーミングすること自体が珍しいです。普通の地域振興サイトであれば、○○魅力発見サイトとか、○○観光サイトなどで片付けてしまいがちなところを、ネーミング一本でこのＷｅｂサイトの方向性を表現しています。

本来であれば、みさとのあとに具体的な地域の魅力が付け加えられるべきなのですが、あえて隠して、サイト内で魅力を届けるストーリーを展開しています。「みさとと。」という洗練されたネーミングの先にあるコンテンツへの期待を抱かせるとともに、このサイトに根ざしている意志も垣間見えてきます。

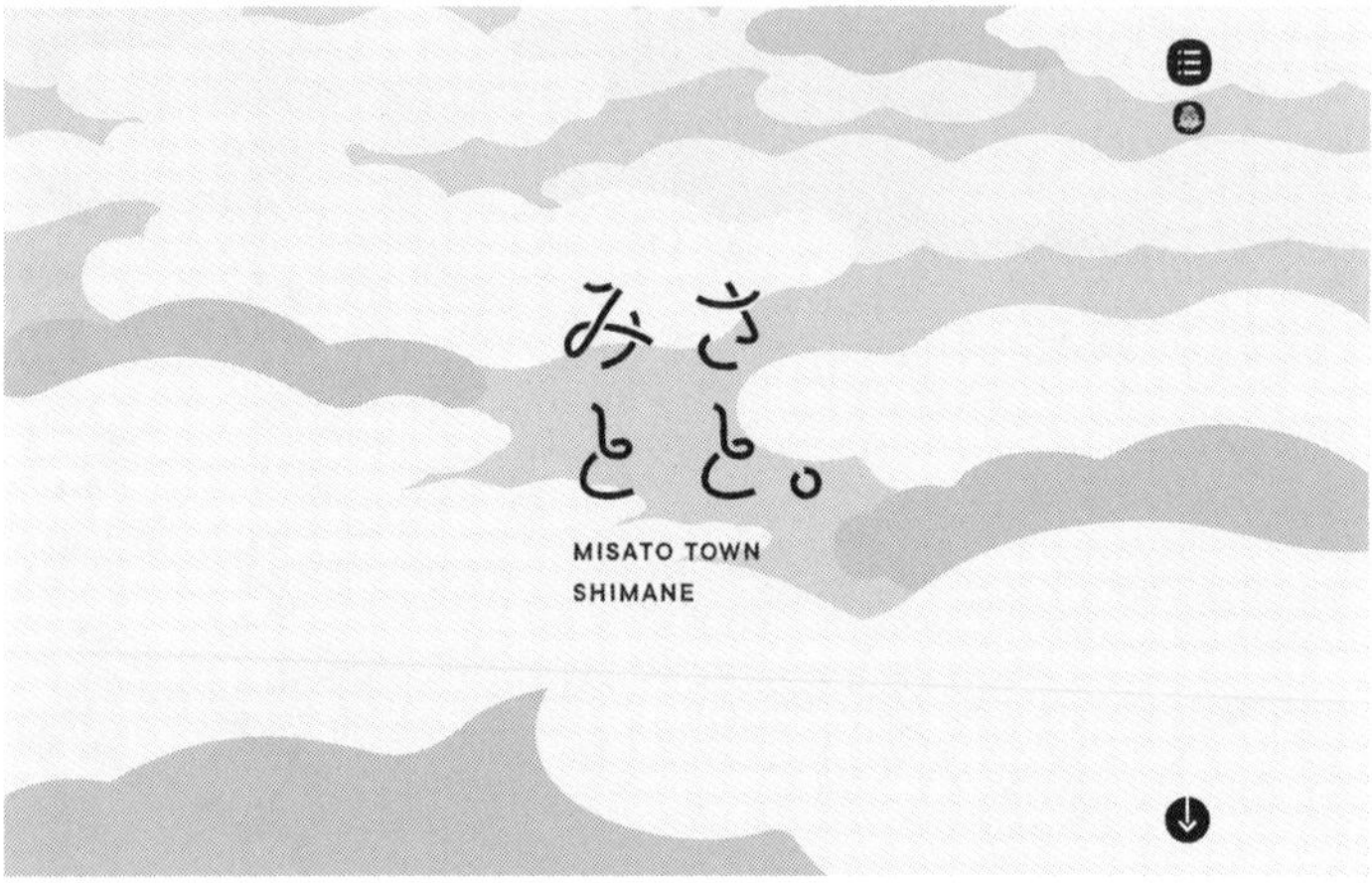

みさとと。島根県美郷町魅力再発見 Web サイト
（https://www.town.shimane-misato.lg.jp/misatoto/）

そして細かい点ですが、町長自らがメッセージを発信している点も見逃せません。自治体のトップが届けるべきブランドを自分の言葉で具体化しているのは、このサイトの性格を表現するうえでも非常に重要なポイントです。

島根という土地のイメージを磨き上げたアートワーク

簡単にいってしまえば美郷町の魅力を発信しているＷｅｂサイトなわけですが、それぞれの情報をストーリー仕立てにしているところがポイントです。どんな小さな地域にも、物語は存在します。そしてそれが、個性であり地方ブランドの土台となるのです。情報を記事としてではなくストーリーとして発信していることに、この町の強い矜持を私は感じ取りました。

ストーリーを通して知った場所に惹かれ、愛着が湧き、なんとなく訪れてみたいという気にさせてくれます。これぞＷｅｂブランディングだからこそなせるイメージ戦略です。温泉とか火山とか洞窟とか荘厳な滝とか歴史的建造物とか、そういった強みがなくても、人を惹きつけるストーリーで語っていく、そしてＷｅｂというメディアを使うことでより多くの人に知ってもらえることを教えてくれています。

ＵＩデザインについて触れておくと、よくある観光サイトには寄せず、Ｗｅｂサイト全体が美郷町のプレゼンテーション資料のテイストを成しています。スクロールするだけという単純な操作で、美郷町が発信している情報の概略を知ることができます。詳しく知りたければリンク先のストーリーを読むこともできますが、トップページだけでも十分に町の心意気や魅力を知ることができます。プレゼンテーションの解像度を上げるためのイラストレーションも効果を出しています。

このアートワークについてはかなり凝っています。言われないと見落としてしまうかもしれませんが、このサイトのアートワークは古風なテイストの「雲」が大きなモチーフになっています。これは出雲大社のある島根の土地柄を意識しているはずです。私の想像ですが、美郷町は島根県にあり、島根県といえば大国主大神を祀る出雲神社の存在が大きい。そのことを古代からの伝統や文化に富んだ地域というイメージにつなげて出雲の「雲」というモチーフになったのではないでしょうか。

このようなアイデアも見事ですし、導かれた成果物も非常に優れたアートワークです。

自治体ブランディングに欠かせない「ストーリー」の密度

「みさとと。」を訪れた人は、美郷町の誇りや文化、精神性を読み取ることができます。そしてそのイメージたちは興味というかたちで、旅行で訪れるという行動につながりますし、日本を形成する多くの地方に根ざす人々に自信と可能性を感じさせるものになっています。美郷町に生まれ、現在もそこで暮らす人々、あるいは美郷町に実家をもち現在はほかの都市に住んでいる人たちの双方に、郷土としての誇りを胸に抱かせているはずです。これもまさに、ロジックと感動によって生み出されたＷｅｂブランディングなのです。

美郷町の例にあるとおり、自治体ブランディングではほかの自治体と差別化させるポイントとなるのはストーリーです。多くの自治体は、自分たちの地域にはどんな景勝地や文化財、

地元文化を他者にとって魅力となるストーリーに転換

名産品があるのか、という強み探しに固執しがちです。

どの地方にもそれぞれの文化財や景勝地などの観光スポットは存在します。だから、それらを紹介するだけではどうしても差別化しにくいのです。しかしそれを仕方のないこととして受け入れるのではなく、「観光資源になり得る独自のストーリー（ブランド）」を発見して、磨けば良いのです。

必ず、魅力として感じてくれる人はいるはずです。

その地域に身を長くおいている人ほど、地域の本当の魅力や価値に気づけていないものです。クリエイティブパートナーという第三者の視点を入れてその価値を見いだし、メッセージの解像度を高め、そしてＷｅｂを使って多くの人に魅力を届けるのです。

背景に長い歴史（ストーリー）をもつ自治体は、ブランドづくりという視点で磨けば磨くほどより価値が光っていく代表格だと思います。

ぜひ多くの自治体に、地元の魅力という価値を発見し、Ｗｅｂをつかって広く発信することに挑んでいただきたいと思います。

おわりに

私は、クリエイティブプロデューサーという立場から企業の中で日々消費者の需要に向き合い、とてつもないプレッシャーと競争に囲まれて闘っている皆さんを第三者の視点で支援させていただく仕事をしています。

安全圏から偉そうに言うなよ、と思われるかもしれませんがクライアントの皆さんから役立たずの烙印を押されてしまえば、私たちも存在することはできません。そういう意味では私も私の会社のスタッフも、皆さんと同じようにヒリヒリした緊張感の中で生きています。

そして、なぜこういう仕事をしているかといえば、クライアントの利益に貢献したいと考えているからです。

停滞している日本経済の中で、希望を捨てずに真剣に取り組んでいる企業の皆さんに接すると、本当に頭の下がる思いです。だから私は、そんな皆さんを自分にできることで支えたいと思っています。

私がこの本を通じて伝えたかったことの本質は、

飽和の時代のＷｅｂブランディング

と言えるかもしれません。

あらゆるモノが充足し、コスパ、タイパという概念が重要視され「だいたい、なんでもいい」という時代に、私は一抹の寂しさを感じたりもするのですがそんな時代に大きな、芯の入った旗を立てるお手伝いをすることで、社会全体に貢献したいと思っています。

本書を道標に、ブランディングに悩んでいる方々が、出会えてよかったと心の底から思えるクリエイティブパートナーに巡り合えることを祈って、本書の執筆を終えます。ありがとうございました。

２０２３年３月吉日

井上雄一郎

【著者プロフィール】

井上雄一郎（いのうえ・ゆういちろう）

1975年熊本市生まれ。福岡大学体育学部卒業後、グラフィックデザイナーを志し、フリーターをしながらデザインを学ぶ。編集プロダクションや広告制作会社で数多くの先輩やクライアント企業に迷惑を掛けながらも成長を重ねた。2000年代前半、黎明期のWebデザインに衝撃を受ける。最速でデザインスキルを伸ばす方法を求めて「体と精神が壊れるギリギリギリギリまでやる」という信念のもと体調を崩しながらも経験を積み上げ、20代で独立。その後、2009年に株式会社ライデンを設立した。現在ではUIデザインとアートワークの融合を通じた企業ブランディングに取り組んでいる。

本書についての
ご意見・ご感想はコチラ

ロジック×感動で成功する
WEBブランディング

2023年3月16日　第1刷発行

著　者　　井上雄一郎
発行人　　久保田貴幸

発行元　　株式会社 幻冬舎メディアコンサルティング
〒151-0051　東京都渋谷区千駄ヶ谷4-9-7
電話　03-5411-6440（編集）

発売元　　株式会社 幻冬舎
〒151-0051　東京都渋谷区千駄ヶ谷4-9-7
電話　03-5411-6222（営業）

印刷・製本　中央精版印刷株式会社
装　丁　　野口 萌

検印廃止

Printed in Japan
ISBN 978-4-344-94465-7 C0034
幻冬舎メディアコンサルティングＨＰ
https://www.gentosha-mc.com/